LA MORALE
DU CHOU-KING

ou

LE LIVRE SACRÉ

DE LA CHINE.

A PARIS,

CHEZ VICTOR LECOU, LIBRAIRE,

RUE DU BOULOI, Nº 10.

1851.

Paris. — Impr. Bénard et Comp., rue Damiette, 2.

LA MORALE
DU CHOU-KING

OU

LE LIVRE SACRÉ

DE LA CHINE

A PARIS,
CHEZ VICTOR LECOU, LIBRAIRE,
RUE DU BOULOI, 10.
1851.

Paris. — Impr. Bénard et Comp., rue Damiette, 2.

LA MORALE
DU CHOU-KING

OU

LIVRE SACRÉ

DE LA CHINE

A PARIS,

CHEZ VICTOR LECOU, LIBRAIRE,

RUE DU BOULOI, 10.

1851.

AVIS

DE L'ÉDITEUR.

Le *Chou-king* ne traite pas seulement de la morale ; on y trouve des chapitres sur l'astronomie, sur la géographie, etc., etc. ; mais nous n'avons extrait de ce livre que ce qu'il contient sur la morale et les doctrines religieuses et politiques de la Chine ; néanmoins, quoique le chapitre 4 de la quatrième partie soit un traité de physique, d'astrologie, de divination, de morale, de religion et de politique, nous n'en avons rien retranché. Ce chapitre, le plus curieux et le plus ancien ouvrage de ce genre qui soit connu, remonte à plus de onze cents ans avant notre ère.

La traduction est du P. Gaubil, savant missionnaire français qui a séjourné à Pékin pendant trente-six ans ; il y est mort en

AVIS DE L'ÉDITEUR.

1759. Cette traduction est jusqu'à présent la seule qui ait été imprimée. Nous la reproduisons avec les corrections qu'y a faites M. Pauthier d'après le texte chinois et les meilleurs commentaires. Les notes sans signature sont du P. Gaubil.

LEF....

DU CHOU-KING.

Les documents recueillis dans le *Chou-king* ou *Livre par excellence*, surtout dans les premiers chapitres, sont, dit M. Pauthier [1], les documents les plus anciens de l'histoire du monde.

Ce qui doit profondément étonner à la lecture de ce beau monument de l'antiquité, c'est la haute raison, le sens éminemment moral qui y respirent. Les auteurs de ce livre, et les personnages dans la bouche desquels sont placés les discours qu'il contient, devaient, à une époque si reculée, posséder une grande culture morale. Cette grande culture morale, dégagée de tout autre mélange impur que celui de la croyance aux indices des sorts, est un fait très important pour l'histoire de l'humanité.

---

1 *Livres sacrés de l'Orient*, in-8° à deux colonnes, page IX.

Les idées contenues dans le *Chou king* sur la Divinité, sur l'influence bienfaisante qu'elle exerce constamment dans les événements du monde, sont très pures et dignes en tout point de la plus saine philosophie. Nulle part peut-être les droits et les devoirs respectifs des rois et des peuples, des gouvernants et des gouvernés, n'ont été enseignés d'une manière aussi élevée, aussi digne, aussi conforme à la raison.

Ce livre, révéré à l'égal des livres les plus révérés dans d'autres parties du monde, et qui a reçu la sanction d'innombrables générations et de populations immenses, a été expliqué et commenté par les philosophes et les moralistes les plus célèbres, et continuellement il est dans les mains de tous ceux qui, tout en voulant orner leur intelligence, desirent encore posséder la connaissance de ces grandes vérités morales qui font seules la prospérité et la félicité des sociétés humaines.

EXTRAIT

DE LA PRÉFACE DU P. GAUBIL.

L'an 484 avant J. C., Confucius rassembla en un seul corps d'ouvrage le livre appelé *Chou-king*. On convient que ses différentes parties étaient tirées des historiens publics des dynasties dont il est parlé dans ce livre, mais on ne peut pas dire quelle était sa forme, ni de combien de chapitres il était composé du temps de ce philosophe; on ne sait pas même en quel état il fut après sa mort, jusqu'au temps de Chi-hoang-ti, qui ordonna [1] de brûler nommément ce *Chou-king*, que les lettrés de la famille de Confucius cachèrent. Lorsque l'empereur Ven-ti [2] voulut recouvrer, s'il était pos-

[1] Avant J. C. 213 ans.
[2] Avant J. C. 176 ans.

sible, cet ancien livre, il fallut s'adresser à un vieillard de plus de quatre-vingt-dix ans, qui était de Tsi-nan-fou, ville capitale de la province appelée aujourd'hui Chan-tong. Ce vieillard, nommé Fou-cheng, avait présidé à la littérature chinoise dans le temps de l'incendie des livres; il savait par cœur beaucoup d'endroits du *Chou-king*, et les expliquait à des lettrés et à des disciples, qui étaient de son pays.

Le manuscrit fait sur ce que Fou-cheng avait dicté, fut offert à l'empereur, qui le fit examiner par l'académie de littérature; on s'empressa de le lire et de le publier.

Quelque temps après, sous l'empire de Vou ti[1], on trouva des livres écrits en caractères antiques, dans les ruines de l'ancienne maison de la famille de Confucius; un de ces livres était le *Chou-king*. Parmi les lettrés qu'on fit venir pour pouvoir le lire et le copier, était le célèbre Kong gan-koue, de la famille de Confucius, et un des plus savants hommes de l'empire.

Kong-gan-koue se servit du manuscrit de

---

[1] La première année de son règne est 140 avant J.C.

Fou-cheng, et de quelques habiles lettrés, pour déchiffrer le *Chou-king* que l'on venait de découvrir; ce livre était écrit sur des tablettes de bambou, et dans beaucoup d'endroits les caractères étaient effacés et rongés des vers. On trouva que ce vieux *Chou-king* était plus ample que celui de Fou-cheng, et on en mit au net cinquante-huit chapitres. Kong-gan-koue fit un petit commentaire d'un bon goût et fort clair; il y ajouta une préface curieuse, dans laquelle il rapporte que le *Chou-king* de Confucius, outre les cinquante-huit chapitres dont il déchiffra les textes, en contenait encore quarante-deux autres.

Kong-gan-koue ayant remis ses manuscrits aux lettrés de l'académie, on eut peu d'égard à son ouvrage, et dans les colléges on ne lisait que celui de Fou-cheng; mais plusieurs lettrés, même habiles, ne laissèrent pas de se servir du *Chou-king* de Kong-gan-koue, et de le louer. Les choses restèrent en cet état sous les Han, et même quelque temps après Elles s'éclaircirent ensuite, on examina à fond les mêmes livres, et dès l'an 497 de J.-C. les cinquante-huit chapitres de Kong-gan-koue furent généralement reconnus pour ce qu'on avait de l'ancien *Chou-king*, et c'est ce *Chou-king* que j'ai traduit; depuis ce temps, il a été expliqué et enseigné dans tous les colléges de l'empire.

Le *Chou-king* est le plus beau livre de l'antiquité chinoise, et d'une autorité irréfragable dans l'esprit des Chinois. Je me suis déterminé à en communiquer la traduction, parceque j'ai su qu'en Europe on avait vu quelques fragments de ce livre, et qu'on s'en était fait de fausses idées...

MORALE
DU
CHOU-KING[1],
OU LE LIVRE SACRÉ.

Des vertus d'Yao; choix de Chun pour régner avec lui et lui succéder.

YAO. Tsou-chou [2], 2205, 2105, avant J.-C.

Ceux qui ont fait des recherches sur l'ancien empereur Yao, rapportent que le bruit de ses grandes actions se répandit partout; que la réserve, la pénétration, l'honnêteté, la décence, la prudence, brillaient en lui, qu'il était grave et humble, et que tant de

---

[1] Le nom de *king*, joint à celui de *chou*, fait voir l'estime qu'on a de ce livre : *king* signifie une *doctrine certaine et immuable* : *chou* veut dire *livre*.

[2] Le livre *Tsou-chou* marque les années de chaque roi des dynasties; cela sert à fixer le temps des chapitres du Chou-King.

grandes qualités le rendirent célèbre au ciel et sur la terre.

Il sut si bien développer les hautes facultés qu'il avait en lui, que la vue de ses vertus mit la paix dans sa famille, le bon ordre parmi ses officiers, l'union dans tous les pays; ceux qui avaient jusque-là tenu une mauvaise conduite, se corrigèrent, et la paix régna partout.

Yao ordonna à ses ministres Hi et Ho de respecter le Ciel suprême, de suivre exactement et avec attention les règles pour la supputation de tous les mouvements des astres, du soleil et de la lune, et de faire connaître au peuple les temps et les saisons par la rédaction du calendrier.

Il ordonna particulièrement à Hi-tchong[1] d'aller à la vallée brillante

[1] *Hi-tchong*, de même que *Hi-chou*, *Ho-chou* et *Ho-tchong*, dont il est parlé dans les autres paragraphes,

de Yu-y, et d'y observer le lever du soleil, afin de régler ce qui se fait au printemps. L'égalité du jour et de la nuit, et l'observation de l'astre Niao, font juger du milieu du printemps : c'est alors que les peuples sortent de leurs demeures, et que les oiseaux et les autres animaux sont occupés à faire leurs petits.

Hi-chou eut ordre d'aller à Nan-kiao, et d'y régler les changements qu'on voit en été. La longueur du jour et l'observation de l'astre Ho font juger du milieu de l'été : c'est alors

---

sont les noms des officiers qui, sous Yao, présidaient à l'astronomie. Ils étaient chargés non-seulement du calcul et des observations, mais encore de corriger les abus et les désordres qui s'étaient introduits dans les mœurs et dans la religion : ainsi ces astronomes étaient en même temps chargés des cérémonies religieuses ; c'est pour cela qu'Yao ordonne de respecter le Ciel suprême.

que les populations se séparent davantage les unes des autres, que les oiseaux changent de plumage, et les animaux de poil.

Il fut particulièrement prescrit à Ho-tchong d'aller dans la vallée obscure de l'Occident, pour suivre et observer avec respect le coucher du soleil, et régler ce qui s'achève en automne. L'égalité du jour et de la nuit, et l'observation de l'astre Hiu, font juger du milieu de l'automne; alors e peuple est tranquille, le plumage des oiseaux et le poil des animaux donnent un agréable spectacle.

Ho-chou eut ordre d'aller au nord à Yeou-tou, pour disposer ce qui regarde les changements produits par l'hiver. La brièveté du jour et l'observation de l'astre Mao font juger du milieu de l'hiver. Les populations se retirent alors, pour éviter le froid : le plumage des oiseaux et le poil des animaux se resserrent.

L'empereur dit : Hi et Ho[1], une période solaire est de *trois cent soixante-six* jours; en intercalant une lune et en déterminant ainsi quatre saisons, l'année se trouve exactement complétée. Cela étant parfaitement réglé, chaque fonctionnaire s'acquittera, selon le temps et la saison, de son emploi ; et tout sera dans le bon ordre.

L'empereur dit : Qui cherchera un homme disposé à gouverner selon les circonstances des temps? Si on le trouve, je l'emploierai dans le gouvernement de l'empire. Fang-tsi répondit : Yn-tse-tchou[2] a une très grande

---

[1] On voit que Yao connaissait l'année Julienne de 365 jours et un 1/4; la quatrième année est de 366 jours. On voit aussi qu'on intercalait alors quelques mois, qu'on partageait l'année en quatre saisons.

[2] *Yn-tse-tchou* était fils de l'empereur Yao.

pénétration. Vous vous trompez, dit l'empereur; Yn-tse-tchou manque de droiture; il aime à disputer : un tel homme convient-il ?

L'empereur dit : Qui cherchera donc un homme disposé à traiter mes affaires? Houan-teou dit : C'est bien; Kong-kong, dans le maniement des affaires, a montré de l'habileté et de l'application L'empereur reprit : Ah! vous êtes dans l'erreur; Kong-kong dit beaucoup de choses inutiles, et quand il faut traiter une affaire, il s'en acquitte mal; il affecte d'être modeste, attentif et réservé, mais son orgueil est sans bornes.

L'empereur dit : Oh ! *Sse-yo* (grands des quatre montagnes), on souffre beaucoup de la grande inondation des eaux[1], qui couvrent les collines de

[1] L'inondation des eaux est ce qu'on appelle le déluge d'Yao.

toutes parts, surpassent les montagnes, et paraissent aller jusqu'aux cieux. S'il y a quelqu'un qui puisse remédier à ce désastre, je veux qu'on l'emploie. Les grands dirent : Kouen [1] est l'homme qui convient. L'empereur répliqua : Vous vous trompez ; Kouen aime la contradiction, et ne sait ni obéir ni vivre avec ses égaux sans les maltraiter. Les grands répondirent : Cela n'empêche pas qu'on ne se serve de lui, afin de voir ce qu'il sait faire. Eh bien, dit Yao, employons-le ; mais qu'il soit sur ses gardes. Kouen travailla pendant neuf ans sans succès.

L'empereur dit aux grands des quatre montagnes : Oh ! je règne depuis soixante-dix ans ; si parmi vous il y a quelqu'un qui puisse bien gouverner,

---

[1] *Kouen* est le nom du père de l'empereur Yu.

je lui céderai l'empire. Les grands répondirent : Aucun n'a les talents nécessaires. L'empereur dit : Proposez ceux qui sont sans emploi et qui mènent une vie privée. Tous répondirent : Il y a Yu-chun[1], qui est sans femme et d'un rang obscur. — J'en ai entendu parler, dit l'empereur ; qu'en pensez-vous ? Les grands répondirent : Yu-chun, quoique fils d'un père aveugle, qui n'a ni talents ni esprit ; quoique né d'une méchante mère dont il est maltraité, et quoique frère de Siang [2], qui est plein d'orgueil, garde les règles de l'obéissance filiale, et vit en paix : insensiblement il est parvenu à corriger les défauts de sa famille, et à empêcher qu'elle ne fasse de grandes fautes. Alors l'empereur dit : Je

---

[1] Il s'agit de *Chun*, successeur d'Yao.
[2] *Siang* est le nom du frère de Chun.

veux lui donner mes deux filles en mariage, pour voir de quelle manière il se comportera avec elles, et comment il les dirigera. Ayant donc tout préparé, il donna ses deux filles à Yuchun, quoique d'une condition si inférieure. Yao, en les faisant partir pour Kouei-joui, leur ordonna de respecter leur nouvel époux. (*Part. I, ch.* 1.)

Yao, après avoir donné à Chun ses filles en mariage, l'associe à l'empire et meurt. Chun est le successeur immédiat d'Yao.

Chun. Tsou-chou, 2102, 2049, avant J. C.

Ceux qui ont fait des recherches sur l'ancien empereur Chun rapportent que ce prince fut véritablement l'image de l'empereur Yao ; il en eut la gloire et les vertus. On admira en lui une prudence consommée, une affabilité jointe à un grand génie, beaucoup de douceur et de gravité ; il fut sincère, et il relevait ses talents par une grande modestie. L'empereur, instruit d'une aussi rare vertu, lui fit part de l'empire.

Chargé de faire observer les cinq règles [1], il les fit observer ; quand il fut à la tête des ministres, il établit le bon ordre partout ; lorsqu'il fut intendant des quatre Portes [2], il fit régner l'ordre et l'union ; et quand il fut envoyé aux pieds des grandes montagnes [3],

---

[1] Les cinq règles sont exprimées par les deux caractères *Ou-tien*, c'est-à-dire, *cinq enseignements immuables*; c'est ce que les Chinois ont appelé depuis *Ou-lun*, c'est-à-dire, *cinq devoirs*, qui sont ceux du père et des enfants, du roi et des sujets, des époux, des vieillards, des jeunes gens et des amis.

[2] Les quatre Portes désignent les quatre parties de l'empire. L'intendant des quatre Portes est exprimé par le caractère *Pin*, qui signifie *loger, traiter*. Quand les princes tributaires venaient à la cour, l'intendant des quatre Portes avait soin de les faire loger et traiter.

[3] Par ces derniers mots, on fait allusion à ce que Chun fit pour remédier au dégât causé par l'inondation.

ni les vents violents, ni le tonnerre, ni la pluie ne le rebutèrent jamais.

L'empereur dit : Chun, approchez-vous ; je me suis informé avec soin de vos actions, et j'ai examiné vos paroles ; je veux récompenser votre mérite et vos services ; depuis trois ans, vous vous êtes rendu digne de monter sur le trône. Mais Chun, par humilité et modestie, ne se croyait pas assez vertueux pour succéder à Yao.

Au premier jour de la première lune, Chun fut installé héritier de l'empire dans la salle des ancêtres.

En examinant le *siuen-ki* [1] et le *yu-heng* [2], il mit en ordre ce qui regarde les sept planètes [3].

---

1 Selon les interprètes, *siuen-ki* veut dire ici une sphère.

2 *Yu* signifie *précieux*. *Heng* est expliqué par *tube mobile* pour observer. Le tube était, dit-on, une partie de la sphère.

3 Les *sept Tching* ou les *sept Directions* ; c'est un

Ensuite il fit le sacrifice *Loui* au Chang-ti[1], et les cérémonies aux six *Tsong*, aux montagnes, aux rivières, et en général en l'honneur de tous les esprits.

Il se fit apporter les cinq marques honorifiques, sur la fin de la lune, et il assemblait chaque jour les grands [2] et les princes tributaires pour les leur distribuer.

A la seconde lune de l'année, il alla visiter la partie orientale de l'empire. Arrivé à *Tai-tsong*, il brûla des her-

---

des noms qu'on donne encore aujourd'hui aux sept planètes, dans les Éphémérides des Chinois.

[1] CHANG-TI. *Chang* signifie *auguste, souverain; ti* signifie *maître, roi, prince, souverain.* Ces deux caractères expriment, dans les anciens livres chinois, ce qu'il y a de plus digne de respect et de vénération, le souverain Seigneur et Maître des esprits et des hommes, etc.

[2] Les quatre *Yo;* ce sont les grands officiers qui avaient soin des principales affaires des quatre parties de l'empire.

bes, et fit un sacrifice. Il se tourna vers les montagnes et les rivières, et fit des cérémonies; ensuite il assembla les princes de la partie orientale, et il en reçut cinq sortes de pierres précieuses, trois pièces de soie[1], deux vivants[2] et un mort. Il régla les temps[3], les lunes, les jours. Il mit de l'uniformité dans la musique, dans les mesures, dans les poids et dans les balances. Après avoir encore réglé les cinq cérémonies[4], et laissé le modèle des instruments qu'on devait y employer,

---

[1] L'on voit ici l'antiquité des ouvrages en soie.

[2] Je ne saurais bien expliquer le sens de ces paroles, *deux vivants, un mort.*

[3] Le calendrier d'Yao et de Chun était dans la forme de celui d'aujourd'hui; c'est-à-dire, que l'équinoxe du printemps doit être dans la seconde lune; celui d'automne, dans la huitième; le solstice d'été, dans la cinquième; et celui d'hiver, dans la onzième.

[4] Les cinq cérémonies étaient celles des esprits, du deuil, des réjouissances, des bons et des mauvais succès en paix et en guerre.

il revint. A la cinquième lune, il alla visiter la partie australe de l'empire. Quand il fut arrivé à la montagne du sud, il fit ce qu'il avait fait à *Tai-tsong*. A la huitième lune, il se rendit à la partie occidentale, et garda le même ordre quand il fut à la montagne d'occident. A la onzième lune, il alla visiter la partie septentrionale, et quand il fut à la montagne du nord, il fit ce qu'il avait fait à celle de l'ouest. Étant de retour, il alla à Y-tsou [1], et fit la cérémonie d'offrir un bœuf.

Une fois tous les cinq ans, il faisait la visite de l'empire, et les princes tributaires venaient quatre fois à la cour lui offrir leurs hommages. Ces princes rendaient compte de leur conduite ; on examinait et on vérifiait ce

---

[1] *Y-tsou* est un des noms de la salle des ancêtres. Le bœuf qu'on offrait avait été tué auparavant.

qu'ils disaient; on récompensait de chariots et d'habits ceux qui avaient rendu des services.

D'abord il divisa l'empire en douze parties, appelées Tcheou, mit des marques et des signaux sur douze montagnes, et creusa des canaux pour l'écoulement des eaux.

Il fit publier des lois constantes et générales pour punir les criminels. Il ordonna l'exil pour les cas où l'on pouvait se dispenser des cinq supplices. Il voulut que dans les tribunaux les fautes ordinaires fussent punies du fouet seulement, et des verges de bambou dans les colléges. Il régla que par le métal on pourrait se racheter de la peine due à certaines fautes ; qu'on pardonnât celles qui sont commises par hasard et sans malice ; mais il voulut qu'on punît, sans rémission, les gens qui seraient incorrigibles, et qui pécheraient par abus de leur force ou de leur autorité. Il recommanda le respect et l'observation de ses lois; mais il voulut que les juges, en punissant, donnassent des marques de compassion.

Il exila Kong-kong à Yeou-tcheou. Houan-teou eut ordre de se retirer à Tsong-chan ; les San-miao furent chassés et envoyés à San-gouei ; Kouen fut renfermé dans une étroite prison à Yu-chan. Après la punition de ces quatre criminels, l'empire fut en paix.

La vingt-huitième année[1], l'empereur Yao monta[2] et descendit [mourut]. Le peuple porta le deuil pendant

[1] La vingt-huitième année se compte depuis que Chun fut installé héritier de l'empereur Yao.

[2] C'est ainsi qu'on désigne la mort d'Yao, par ces deux caractères *tsou lo*. Le premier mot veut dire que l'esprit monta au ciel (*ascendit*), et le second, que le corps fut enterré (*descendit*).

trois ans, et pleura ce prince comme les enfants pleurent leur père et leur mère. On fit cesser dans l'intérieur des quatre mers [l'empire chinois] les concerts de musique.

Chun alla à la salle des ancêtres au premier jour de la première lune.

Il interrogea les grands des quatre montagnes [1], ouvrit les quatre portes, vit par lui-même ce qui vient par les quatre yeux, et entendit ce qui vient par les quatre oreilles.

Il appela les douze Mou [2], et leur dit : Tout consiste, pour les provisions des vivres, à bien prendre son temps. Il faut traiter humainement ceux qui viennent de loin, instruire ceux qui sont près de nous, estimer et faire va-

---

[1] J'ai traduit à la lettre. On veut dire que Chun sut ce qui se passait dans l'empire.

[2] Les douze *Mou* avaient soin des douze parties de l'empire. *Mou* veut dire *berger*.

loir les hommes de talent, croire et se fier aux gens vertueux et charitables, ne pas avoir de commerce avec ceux dont les mœurs sont corrompues ; par là on se fera obéir des Man et des Y[1] (ou des barbares).

Chun dit : O vous grands des quatre montagnes, si quelqu'un de vous est capable de bien gérer les affaires de l'empereur, je le mettrai à la tête des ministres, afin que l'ordre et la subordination règnent en tous lieux. Tous lui présentèrent Pe-yu[2], qui était Se-kong[3]. Alors l'empereur adressa la parole à Yu, et dit : En conséquence de ce que les grands pro-

---

[1] *Man* et *Y* désignent les étrangers.

[2] *Pe-yu* est le nom de Yu qui succéda à l'empereur Chun. *Pe* exprime une dignité qui donnait la prééminence sur les princes, vassaux d'un certain district ; le Pe était leur chef.

[3] *Se-kong* était celui qui présidait aux ouvrages publics, aux digues et aux canaux.

posent, je veux qu'outre la charge d'intendant des ouvrages pour la terre et pour l'eau, vous soyiez le premier ministre de l'empire. Yu fit la révérence, en disant que ce poste convenait mieux à Tsi [1], ou à Sie [2], ou à Kao-yao. L'empereur lui dit : Allez (obéissez).

L'empereur dit : Ki [3], vous voyez la misère et la famine que les peuples souffrent ; en qualité de Heou-tsi, faites semer toutes sortes de grains, suivant la saison.

L'empereur dit : Sie, l'union n'est pas parmi les peuples, et dans les cinq États il y a eu du désordre ; en

---

[1] *Tsi* est le fameux Heou-tsi, tige des empereurs de la dynastie de Tcheou.

[2] *Sie* est le nom d'un grand dont les empereurs de la dynastie de Chang tiraient leur origine.

[3] *Ki* est le nom de Heou-tsi ; *tsi* signifie *grains, semences* ; *Heou* signifie *seigneur, prince. Heou-tsi* exprime ici l'intendant de l'agriculture.

qualité de Se-tou [1], publiez avec soin les cinq instructions [2], soyez doux et indulgent.

L'empereur dit : Kao-yao, les étrangers excitent des troubles. Si parmi les sujets de Hia [3] il se trouve des voleurs, des homicides et des gens de mauvaises mœurs, vous, Kao-yao, en qualité de juge, employez les cinq règles pour punir les crimes par autant de peines qui leur soient proportionnées. Ces peines proportionnées aux crimes ont trois lieux pour être mises à exécution. Il y a des lieux pour les cinq sortes d'exil ; et dans ces lieux, il y a trois sortes de demeures ; mais il faut avoir beaucoup de discernement, et être parfaitement instruit.

[1] *Se-tou* exprime le ministre qui devait expliquer et faire garder les cinq règles.
[2] Les cinq instructions sont les règles dont il est parlé ci-dessus, p. 10.
[3] *Hia* exprime l'empire chinois.

L'empereur dit : Quel est celui d'entre vous qui est en état d'occuper la direction des travaux d'art? Tous répondirent que c'était Tchoui. L'empereur dit à celui-ci : Soyez Kong-kong[1]. Tchoui, en faisant la révérence, dit que Chou-tsiang et Pe-yu[2] étaient plus dignes que lui; mais l'empereur, en le louant des observations qu'il avait faites, lui dit : Allez, faites ce que je vous ordonne.

Quel est celui, continua l'empereur, qui peut avoir l'intendance des hauts et des bas, des montagnes, des forêts, des lacs, des étangs, des plantes, des arbres, des oiseaux et des animaux? Tous répondirent : C'est Y. L'empe-

---

[1] Les deux caractères *Kong-kong*, expriment l'office de celui qui présidait aux ouvrages d'art que l'on faisait pour l'empereur.

[2] *Pe-yu*. Le caractère *yu* diffère de celui d'Yu, qui fut empereur après Chun.

reur dit à celui-ci : Il faut que vous soyez mon grand intendant [1]. Y fit la révérence, et dit que Tchou, Hou, Hiong et Pi en étaient plus capables. L'empereur répliqua : Allez et obéissez.

L'empereur dit : O grands des quatre montagnes, y a-t-il quelqu'un qui puisse présider aux trois cérémonies ? Tous nommèrent Pe-y ; et l'empereur dit à Pe-y : Il faut que vous soyez Tchi-tsong [2] : depuis le matin jusqu'au soir, pénétré de crainte et de respect, soyez sur vos gardes, ayez le cœur droit et sans passion. Pe-y fit la révérence, et proposa Kouei et Long comme plus capables. L'empereur dit : Vous êtes louable de vous excuser ; mais je veux être obéi

[1] Yu est le titre de l'intendant des montagnes, forêts, étangs, lacs, etc. Il ne faut pas le confondre avec Yu, qui fut depuis empereur.

[2] *Tchi-tsong* était le nom de celui qui présidait aux cérémonies pour les esprits.

L'empereur dit : Kouei, je vous nomme surintendant de la musique; je veux que vous l'enseigniez aux enfants des princes et des grands : faites en sorte qu'ils soient sincères et affables, indulgents, complaisants et graves; apprenez-leur à être fermes, sans être durs ni cruels; donnez-leur le discernement, mais qu'ils ne soient point orgueilleux; expliquez-leur vos pensées dans des vers, et composez-en des chansons entremêlées de divers tons et de divers sons, et accordez-les aux instruments de musique. Si les huit modulations sont gardées, et s'il n'y a aucune confusion dans les différents accords, les esprits[1] et les

---

[1] Dans ces paroles, *les esprits, les hommes seront unis,* on fait allusion à la musique employée dans les cérémonies faites au ciel, aux esprits, aux ancêtres, aux cérémonies des fêtes dans le palais des empereurs, etc.

hommes seront unis. Kouei répondit :
Quand je frappe ma pierre, soit fortement, soit doucement, les animaux
les plus féroces sautent de joie.

L'empereur dit à Long : J'ai une
extrême aversion pour ceux qui ont
une mauvaise langue; leurs discours
sèment la discorde, et nuisent beaucoup à ce que font les gens de bien ;
par les mouvements et les craintes
qu'ils excitent, ils mettent le désordre
dans le public. Vous donc, Long, je
vous nomme Na-yen [ou Censeur général de l'empire]: soit que vous transmettiez mes ordres et mes résolutions,
soit que vous me fassiez le rapport de
ce que les autres disent, depuis le matin jusqu'au soir, n'ayez en vue que la
droiture et la vérité.

L'empereur dit : O vous, qui êtes
au nombre de vingt-deux [1], soyez at-

[1] Selon les interprètes, les *vingt-deux* sont les

tentifs, et traitez, selon les conjonctures des temps, les affaires [1] de l'empire.

Une fois tous les trois ans, Chun [2] examinait la conduite des mandarins. Après trois examens, il punissait les coupables, et récompensait ceux qui s'étaient bien comportés; par ce moyen, il n'y avait personne qui ne travaillât à se rendre digne de récompenses. On faisait aussi le choix et l'examen des San-miao [3].

ministres proposés à Chun, les quatre *Yo*, les douze *Mou*, etc.

[1] Les affaires de l'empire sont exprimées dans les textes par les deux caractères *Tien koung* : « cœli opera negotia commissa » Par cette noble idée, Chun voulait engager les mandarins à s'acquitter dignement de leur devoir, et à les faire ressouvenir que c'était le Ciel même qui les chargeait de leurs emplois.

[2] On voit ici l'antiquité de la coutume chinoise de faire l'examen du mérite et des fautes des officiers.

[3] On a vu que *San-miao* était le nom d'un vassal exilé. Ici c'est le nom des peuples qui étaient sans doute sujets de ce vassal Les *San-miao* se révoltèrent quel-

Chun avait trente ans lorsqu'il fut appelé pour être employé à la direction des affaires de l'État; il resta dans ce poste pendant trente années; cinquante ans après, il monta fort loin [1], et mourut. (*Part. I, ch.* 2.)

quefois; mais, parceque la révolte n'était pas générale, ou qu'ils s'étaient soumis, Chun veut qu'on récompense même ceux des *San-miao* qui se comporteraient bien.

[1] Ce texte, que je traduis *monta fort loin*, est, selon quelques commentateurs, une expression métaphorique, qui exprime la mort de l'empereur Chun.

Lorsqu'un empereur ou un roi meurt, on dit toujours qu'il est *monté :* cela signifie, dit le philosophe *Han-tseu, qu'il est monté au ciel.* Le commentaire chinois explique ainsi les deux caractères *tsou lo :* « *Monter* et « *descendre*, c'est mourir. La mort, c'est le *retour* au « ciel de l'*esprit vital*, que l'on exprime par *monter :* « *tsou*, c'est en même temps le *retour* à la terre du « *principe matériel*, que l'on exprime par *descendre*, « *lo.* » On voit clairement ici la distinction des deux principes qui constituent la nature de l'homme et toute véritable philosophie. (M. PAUTHIER.)

Préceptes sur le gouvernement ; choix que Chun veut faire d'Yu pour lui succéder ; éloge d'Yu ; refus que celui-ci fait d'accepter l'empire.

Chun. Tsou-chou, 2102, 2040, avant J.-C.

Ceux qui ont examiné l'histoire de l'ancien grand Yu, disent qu'en publiant dans l'empire les ordres et les instructions de l'empereur [Chun], il fit paraître beaucoup de respect et d'obéissance.

Yu dit : Quand le prince peut surmonter les difficultés de son état ; quand un ministre ou sujet peut également surmonter les difficultés de son état, l'empire est bien gouverné ; les peuples marchent avant peu dans le chemin de la vertu.

L'empereur Chun dit : Cela est juste ; des discours si sages et si vrais ne doivent pas être cachés ; les pratiquer, ne pas laisser les gens sages dans les lieux déserts et inconnus, mettre l'union et la paix dans tous les pays, porter son attention sur tous les peuples, sacrifier ses lumières et ses vues à celles des autres, ne pas maltraiter ni rebuter ceux qui sont hors d'état de faire des plaintes, ne pas abandonner les pauvres et les malheureux; voilà les vertus que l'empereur[1] pratiqua.

(Le ministre) Y dit : Quel sujet d'admiration! La vertu de l'empereur se fit connaître partout, et ne se démentit jamais. Elle était sainte et divine. Il sut se faire craindre et respecter; et ses manières douces et agréables le firent aimer. C'est pour cela que l'auguste[2] Ciel le favorisa, et que,

---

[1] Il s'agit, dans ce paragraphe et dans le suivant, de empereur Yao.

[2] On voit ici que l'empereur Yao reçut du Ciel l'empire; que c'est le Ciel qui le chargea de l'exécution de

l'ayant chargé de ses ordres, il le rendit possesseur des quatre mers et prince du monde (ou maître de l'empire).

Yu répondit : Celui qui garde la loi est heureux, celui qui la viole est malheureux; c'est la même chose que l'ombre et l'écho [1].

Y dit : Hélas! il faut veiller sur soi-même, et ne cesser de se corriger; ne laissez pas violer les lois et les coutumes de l'État; fuyez les amusements agréables; ne vous livrez pas aux plaisirs des sens. Quand vous donnez des commissions aux gens sages et expérimentés, ne chan-

---

ses ordres. C'est par ces sortes de textes qu'il faut juger de la vraie doctrine des anciens Chinois; et l'on verra constamment les mêmes idées dans la suite du Chouking.

[1] Yu prétend que le bonheur et le malheur attachés à l'observation de la loi naturelle sont des effets nécessaires, qui suivent infailliblement de leur cause, comme l'écho et l'ombre suivent de leur cause.

gez pas ce que vous leur avez dit. Ne balancez pas à éloigner de vous ceux qui ont les mœurs dépravées. Si dans les délibérations vous voyez des doutes et des points difficiles à déterminer, ne concluez rien d'abord, attendez que vous soyiez instruit de l'état des choses ; assurez-vous de la certitude de vos jugements par des réflexions mûres et prolongées. Ne vous opposez pas aux choses prescrites par la raison[1] pour rechercher les louanges ou les suffrages du peuple ; ne vous opposez pas aux desirs du peuple pour

---

[1] La raison, ou la loi naturelle, vient du Ciel, selon la doctrine constante des livres classiques. On doit se souvenir que la partie du Chou-king que l'on traduit ici *est un monument de plus de deux mille ans avant J. C.* Il est aisé de voir quelle était l'idée que Yao, Chun, Yu, etc., se formaient d'un auguste Ciel qui donne l'empire, d'une droite raison et de la loi naturelle, d'où dépendent le bonheur et le malheur des hommes.

suivre vos propres penchants. Si vous êtes appliqué aux affaires, les étrangers viendront de toutes parts se soumettre à vous avec obéissance.

Yu dit : Ah ! prince, pensez-y bien ; la vertu est le fondement ou la base d'un bon gouvernement ; et ce gouvernement consiste d'abord à procurer au peuple les choses nécessaires à sa subsistance et à sa conservation, c'est-à-dire, l'eau, le feu, les métaux, le bois, la terre ou le sol et les grains. Il faut encore penser à le rendre vertueux, et ensuite à lui procurer l'usage utile de toutes ces choses. Il faut enfin le préserver de ce qui peut nuire à sa santé et à sa vie. Voilà neuf objets qu'un prince doit avoir en vue pour se rendre utile et recommandable. Quand on enseigne, on emploie les éloges ; quand on gouverne, on emploie l'autorité.

L'empereur dit alors : J'approuve ce que vous dites. Depuis que vous avez achevé les ouvrages pour remédier au dégât de l'inondation, le Ciel peut procurer ce qu'on doit attendre de lui. Les six sortes de provisions[1] et les trois affaires sont en état : on est en sûreté pour tous les âges; et c'est vous, Yu, à qui on est redevable d'un si grand bien.

L'empereur dit : Venez, Yu[2]. Je règne depuis trente-trois ans; mon grand âge et ma faiblesse ne me permettent plus de donner aux affaires

---

[1] Les six sortes de provisions sont, outre les cinq *hing* (c'est-à-dire, l'*eau*, le *feu*, le *métal*, le *bois*, la *terre*), les grains. Les trois affaires sont : l'*étude de la vertu*, l'*usage des choses nécessaires à la vie*, et le *soin de conserver la vie des peuples*. C'est Yu qui eut la meilleure part aux ouvrages faits pour réparer les dégâts de l'inondation.

[2] Chun avait résolu de nommer Yu héritier de l'empire.

toute l'application convenable ; je veux que vous ayiez une autorité souveraine sur mes peuples ; faites donc vos efforts pour vous acquitter dignement de cet emploi.

Yu répondit : Ma vertu est insuffisante pour gouverner ; le peuple ne m'obéirait pas. Il n'en est pas de même de Kao-yao ; ses talents sont au-dessus de ceux des autres ; le peuple les connaît, et son inclination est pour lui ; c'est à cela surtout que l'empereur doit réfléchir. Soit que je pense à la charge que vous m'offrez, soit que je la refuse, soit que j'en parle et que je tâche de dire ma pensée avec toute la droiture et la sincérité possibles, j'en reviens toujours à Kao yao, et je dis toujours que le choix doit tomber sur lui. Vous, qui êtes sur le trône, pensez au mérite de chacun.

L'empereur dit : Kao-yao, les mandarins et le peuple gardent les règlements que j'ai faits. Vous avez la charge de juge ; vous savez vous servir à propos des cinq supplices, et vous employez utilement les cinq instructions ; ainsi l'empire est paisible ; la crainte de ces supplices empêche de commettre beaucoup de fautes qu'il faudrait punir ; le peuple tient un juste milieu, c'est à vos mérites qu'on le doit ; ne devez-vous pas redoubler d'efforts ?

Kao-yao répondit : Les vertus de l'empereur ne sont pas ternies par des fautes. Dans le soin qu'il a de ses sujets, il fait voir beaucoup de modération ; et dans son gouvernement, la grandeur d'ame éclate. S'il faut punir, la punition ne passe pas des pères aux enfants ; mais s'il faut récompenser, les récompenses s'étendent jusqu'aux descendants. A l'égard des faules involontaires, il les pardonne, sans rechercher si elles sont grandes ou petites. Les fautes commises volontairement, quoique petites en apparence, sont punies. Dans le cas des fautes douteuses, la peine est légère ; mais s'il s'agit d'un service rendu, quoique douteux, la récompense est grande. Il aime mieux s'exposer à ne pas faire observer les lois contre les criminels, que de mettre à mort un innocent. Une vertu qui se plaît ainsi à conserver la vie aux sujets, gagne le cœur du peuple ; et c'est pour cela qu'il est si exact à exécuter les ordres des magistrats.

L'empereur dit : Tout se passe d'une manière conforme à mes desirs, l'ordre est dans les quatre parties [de l'empire]; c'est un effet de votre bonne conduite.

L'empereur dit : Venez, Yu. Quand nous eûmes tant à craindre de la grande inondation, vous travaillâtes avec ardeur et avec droiture ; vous rendîtes les plus grands services, et vos talents ainsi que votre sagesse se manifestèrent dans tout l'empire. Quoique dans votre famille vous ayez vécu avec modestie, quoique vous ayez si bien servi l'Etat, vous n'avez pas cru que ce fût une raison pour vous dispenser de travailler ; et ce n'est pas une vertu médiocre. Vous êtes sans orgueil ; il n'est personne dans l'empire qui, par ses bonnes qualités, soit au-dessus de vous. Nul n'a fait de si grandes choses ; et cependant vous ne faites pas valoir ce que vous faites. Personne dans l'empire ne peut vous le disputer en mérite. De là quelle idée ne dois-je pas avoir de votre vertu? Je ne puis me dispenser de louer vos services. Les nombres écrits dans le calendrier[1] du Ciel vous désignent pour monter à la dignité de prince héritier (de l'empire).

Le cœur de l'homme est plein d'écueils; le cœur du Tao ou de la Raison suprême est simple et caché. Soyez pur, soyez simple, et tenez toujours un juste milieu.

N'ajoutez pas foi à des discours sans les avoir examinés, et ne prenez aucun parti qu'après avoir bien réfléchi.

Le prince ne doit-il pas être aimé? le peuple ne doit-il pas être craint? S'il n'y a pas de souverain, à qui les peuples auront-ils recours? Et s'il n'y

---

[1] L'expression de *calendrier du Ciel* (Tien-li) est ici remarquable. Elle fait voir que Chun croyait que l'empire était donné par le Ciel; et elle confirme le sens de l'autre expression de l'empire, sous l'idée de commission donnée par le Ciel.

a pas de populations, qui aidera le souverain dans le gouvernement? C'est ce qu'il faut considérer attentivement. Que de précautions n'a pas à garder celui qui occupe le trône! Il faut avoir soin de conserver l'amour de la vertu, et de s'améliorer continuellement soi-même. Les paroles qui sortent de la bouche ont de bons effets quelquefois; elles font aussi quelquefois naître des guerres.

(*Part. I, ch. 3.*)

Conseils donnés par le ministre Kao-yao sous le règne de Chun.

CHUN. Tsou-chou; 2102, 2049, avant J.-C.

Ceux qui ont examiné l'histoire, et les paroles de l'ancien Kao-yao, lui font dire : Si un prince est véritablement vertueux, on ne lui cachera rien dans les conseils, et ses ministres seront d'accord. Yu dit : Cela est juste, mais expliquez vous. Kao-yao continua ainsi avec satisfaction : Celui qui est occupé à se perfectionner dans la vertu, doit s'en occuper éternellement; il doit mettre l'ordre dans les neuf degrés de consanguinité : alors les gens sages viendront de tous côtés, et l'animeront par leurs exemples et par leurs conseils; c'est ainsi qu'en partant de près on va très loin. Yu, à ce discours si sage, fit la révérence à Kao-yao, et dit : Vous parlez juste.

Kao-yao dit : Oui, un prince doit bien connaître les hommes, et mettre l'union parmi les peuples. Yu dit : Hélas! l'empereur même a bien de la peine à réussir dans ces deux choses. Si un prince connaît bien les hommes, il n'emploie que des sages dans les fonctions publiques; s'il est humain et bienfaisant pour le peuple, son cœur généreux et ses libéralités le font aimer; si, à un cœur bienfaisant et généreux, il joint la prudence, il n'aura rien à craindre de Hoan-teou, il ne lui sera pas nécessaire d'exiler Yeou-miao, et il ne redoutera point les discours artificieux des hypocrites et des méchants.

Kao-yao dit : Dans les actions, il y a neuf vertus à considérer : cet homme a de la vertu, dit-on ; mais il faut voir ce qu'il fait. Yu dit : Comment donc? — Kao-yao répondit : Celui-là est homme de bien, qui sait unir la retenue avec l'indulgence, la fermeté avec l'honnêteté, la gravité avec la franchise, la déférence avec de grands talents, la constance avec la complaisance, la droiture et l'exactitude avec la douceur, la modération avec le discernement, l'esprit avec la docilité, et le pouvoir avec l'équité; celui-là est, à juste titre, appelé homme sage, qui pratique constamment ces neuf vertus.

Celui qui tous les jours pratique trois de ces vertus, et en donne des exemples, est en état de gouverner sa famille. Celui qui, avec respect et avec attention, pratique constamment six de ces vertus, et en donne des exemples, est en état de gouverner un royaume. Si un prince s'attache à rassembler de tous côtés les hommes vertueux pour s'en servir, ceux qui se distinguent par les neuf vertus, feront tous leurs efforts pour être employés les uns dans les postes qui demandent de grands talents, les autres, dans ceux qui ne sont pas si importants : les fonctionnaires publics sans jalousie ne penseront qu'à s'animer à bien faire ; et ceux qui se distinguent dans les différents arts, suivant les saisons, s'appliqueront à toutes sortes d'ouvrages.

Les grands vassaux ne doivent point apprendre de vous l'usage des plaisirs : soyez sans cesse sur vos gardes ; dans l'espace d'un ou de deux jours, il se trouve une infinité de rencontres délicates ; veillez à ce que vos fonctionnaires publics ne négligent pas leur emploi. Ils gèrent les affaires du Ciel ; et c'est de lui qu'ils tiennent leur mission.

Parceque les cinq enseignements viennent[1] du Ciel, nous les prenons pour la règle de notre conduite, et nous faisons grand cas de la distinction des cinq états sociaux. Parceque le Ciel a fait la distinction des cérémonies, nous prenons ces cinq cérémonies

---

[1] Les cinq enseignements sont les devoirs des pères et des enfants, du roi et des sujets, des époux, des vieilards, des jeunes gens et des amis.

pour des lois immuables. Nous observons de concert les règles du respect et de la déférence, de la concorde et de l'équité. Parceque le Ciel donne un mandat spécial aux hommes distingués par leur vertu, il veut qu'ils soient reconnus à cinq sortes d'habillements [1]. Parceque le Ciel punit les méchants, on emploie les cinq supplices. L'art de gouverner mérite qu'on y pense sérieusement.

Ce que le Ciel [2] voit et entend n'est que ce que le peuple voit et entend.

---

[1] Les Chinois avaient distingué les états et les conditions par la différence des habits; et cet usage subsiste encore.

[2] On voit ici des idées bien contraires à celles que quelques Européens, peu instruits du Chou-king, ont données d'un ciel matériel, sans connaissance et sans autorité sur les hommes, honoré par les Chinois même anciens. Ce serait bien s'aveugler que de penser que les textes qu'on voit ici ne sont que des textes qui expriment l'athéisme.

Ce que le peuple juge digne de récompense et de punition, est ce que le ciel veut punir [1] et récompenser. Il y a une communication intime entre le ciel et le peuple : que ceux qui gouvernent les peuples soient donc attentifs et réservés !

Kao-yao ajouta : Ce que j'ai dit est conforme à la raison, et peut être mis en pratique. Oui, dit Yu ; on peut acquérir de la gloire en le pratiquant. Ah ! répondit Kao-yao, je ne le sais pas encore ; je n'ai prétendu, par mon discours, qu'animer et qu'exhorter.

(Part. I, ch. 4.)

---

[1] Plusieurs fois les Chinois ont abusé de ces paroles, quand il y a eu des révolutions et des mécontents.

*Yu qui fut depuis empereur, donne des avis
à Chun.*

Chun. Tsou-chou, 2102, 2049, avant J.-C.

L'empereur dit : Venez, Yu, donnez-moi de sages conseils. Yu salua et dit : Ah ! empereur ! que puis-je vous dire ? tous les jours je m'efforce de bien faire. A ces paroles, Kao-yao dit : Expliquez-vous. Yu continua ainsi : Quand la grande inondation s'éleva jusqu'au ciel, quand elle environna les montagnes et couvrit les lieux élevés, le peuple troublé fut submergé par les eaux ; alors je montai sur les quatre moyens de transport[1], je suivis les montagnes, et je coupai les bois. Avec Y, je fis des provisions de grains

---

[1] Les quatre *tsaï* étaient des barques pour les rivières, des voitures pour les montagnes, les marais, les plaines.

et de chair d'animaux pour faire subsister les peuples. Dans les neuf parties de l'empire, je ménageai des lits pour les rivières, et je les fis couler vers les quatre mers. Au milieu des campagnes, je creusai des canaux pour communiquer avec les rivières. Aidé de Tsi [1], j'ensemençai les terres, et, à force de travail, on en tira de quoi vivre. On joignit la chair des animaux aux poissons, et les peuples eurent de quoi subsister. Par mes représentations, je vins à bout de faire transporter des provisions dans les endroits qui en manquaient; et, en ayant fait des amas, je fis faire des échanges ; ainsi l'on eut partout des grains. Ensuite on fit la division des départements; on leur donna une forme de gouvernement qui s'exécuta. Kao-yao

[1] *Tsi* est *Heou-tsi*, tige des empereurs de la dynastie Tcheou.

dit : C'est bien ; un discours si sage est pour nous d'un grand exemple.

Yu dit : Oh! vous empereur, qui êtes sur le trône, soyez attentif. L'empereur dit : Vous avez raison. Yu ajouta : Déterminez l'objet [1] qui doit vous fixer ; examinez bien les occasions où il faut délibérer et agir ; et pensez à rendre invariables et la délibération et l'exécution. Si vos ministres sont fidèles et d'accord entre eux, ils attendront votre résolution : vous recevrez clairement les ordres du Chang-ti [2] : le Ciel vous comblera de ses faveurs, et redoublera ses bienfaits.

L'empereur dit : Un ministre ne me touche-t-il pas de bien près? et celui

---

[1] Cet objet, qui doit fixer, est le souverain bien, selon es interprètes : c'est la raison naturelle, la raison qu éclaire, et qui nous a été donnée par le ciel.

2 *Chang-ti* est le souverain maître du ciel et de la terre, selon les livres classiques chinois.

qui me touche de bien près n'est-il pas un ministre? Yu dit : Rien n'est plus vrai.

L'empereur dit : Un ministre me sert de pied, de main, d'oreille et d'œil. Si je pense à gouverner et à conserver les peuples, vous êtes mon secours : s'il faut répandre mes bienfaits dans les quatre parties de l'empire, vous les distribuez ; si je fais des fautes, vous devez m'en avertir ; vous seriez blâmables, si, en ma présence, vous m'applaudissiez, et si, éloignés de moi, vous parliez autrement ; respectez l'état des quatre[1] ministres qui sont près de moi.

Si un homme inconsidéré prononce des paroles qui puissent faire tort et

---

[1] On met *quatre ministres*. Cette expression dénote en général tous les mandarins qui étaient près de l'empereur. On met *quatre*, parcequ'on les appelle les yeux, les oreilles, les pieds et les mains de l'empereur.

causer de la discorde, faites-le tirer à un but, pour vérifier ce qu'il a dit; frappez-le, afin qu'il s'en souvienne, et tenez-en registre; s'il promet de se corriger et de vivre avec les autres, mettez ses paroles en musique, et que chaque jour on les lui chante; s'il se corrige, il faut en avertir l'empereur; alors on pourra se servir de cet homme, sinon qu'il soit puni.

Yu dit : Ces paroles sont justes : la réputation et la gloire de l'empereur sont parvenues jusqu'aux bords de la mer et aux extrémités du monde. Les sages de tous les royaumes souhaitent d'être à votre service; tous les jours vous récompensez le mérite, vous examinez soigneusement ce qu'on dit et ce qu'on fait. Quand on voit de si grandes récompenses en habits et en chars, qui oserait manquer à la déférence, au respect et à l'honnêteté qu'on se doit réciproquement? Si cela n'arrivait pas, peu à peu on viendrait à ne faire aucun effort pour se rendre recommandable par ses mérites.

Ne soyez pas comme Tan-tchou, superbe, entreprenant, aimant la dissipation, cruel et plongé jour et nuit dans l'inquiétude; dans les endroits même où il n'y avait pas d'eau, il voulait aller en barque; dans sa maison, il vivait avec une troupe de débauchés, et s'adonnait à toutes sortes d'impudicités : aussi ne succéda-t-il pas au trône de son père (*Part. II, chap.* 5).

Le ministre Tchong-hoei donne des conseils au roi, qui paraît avoir quelques remords de s'être emparé de l'empire.

TCHING-TANG. Tsou-chou, 1558, 1547 avant J. C.

Tching-tang, après avoir fait fuir Kie-Nan-tchao, craignant de n'avoir pas suivi les règles de la vertu, dit :

J'appréhende que dans les temps à venir on ne parle mal de ce que j'ai fait.

Alors Tchong-hoei lui dit : Eh quoi donc ! le Ciel en donnant la vie aux hommes [1], leur a donné aussi des passions. Si les hommes étaient sans maître, il n'y aurait que trouble et confusion ; c'est pourquoi ce même Ciel a fait naître un homme souverainement intelligent, pour prendre, au temps voulu, les rênes du gouvernement. La vertu des *Hia* s'étant éclipsée, a fait tomber les peuples sur des charbons ardents. Le Ciel a doué le [nouveau] roi de force et de prudence, et il le donne comme exemple à suivre aux dix mille royaumes ; il veut que

---

[1] L'ancien commentaire *Tching-y* [*véritable sens*] s'exprime ainsi sur ce passage : « Le Ciel produit l'homme et lui donne un corps et une ame. Chacun de nous a donc un corps visible et matériel ; il a aussi une ame spirituelle et intelligente. L'homme étant produit de la sorte, le ciel l'assiste. »

ce prince continue ce qu'Yu a fait anciennement ; en suivant ses lois vénérées, c'est comme si l'on suivait les ordres du Ciel.

Le roi de Hia est coupable pour avoir voulu tromper le Ciel suprême, en publiant des décrets injustes ; le souverain pouvoir ne le tient plus sous sa sauvegarde ; le Seigneur l'a en aversion, il a donné mandat à Chang d'instruire et de diriger le peuple.

Hia n'a fait aucun cas des gens de bien, et il a eu beaucoup d'imitateurs de sa conduite ; comme notre royaume se trouve sous la domination de Hia, l'ivraie se trouve mêlée avec le grain, et la balle avec le riz mondé. Les grands et les petits tremblent, et craignent d'être injustement opprimés ; mais que sera-ce quand les grandes actions de vertu de notre roi seront suffisamment publiées et connues ?

Vous, roi, vous n'aimez ni les femmes ni la musique déshonnête ; vous n'enlevez pas le bien d'autrui ; vous placez ceux qui ont de la vertu dans les premières charges, vous donnez de grandes récompenses à ceux qui ont rendu de grands services ; vous traitez les autres comme vous-même ; si vous faites des fautes, vous ne tardez pas à vous en corriger ; vous êtes indulgent et miséricordieux ; et dans tout, vous faites paraître de la bonne foi.

Le chef de Ko s'étant vengé sur celui qui apportait des vivres, on commença par punir ce chef. Quand on allait mettre l'ordre dans le pays de l'orient, les barbares de l'occident se plaignaient ; quand on passait chez les barbares du midi, les peuples du nord murmuraient, en disant : Pourquoi nous mettre ainsi après les autres ?

Dans tous les endroits où l'armée passait, les familles, en se témoignant leur joie, disaient : Nous attendions notre chef ; sa venue nous rend la vie ; il y a longtemps que les peuples ont es yeux attachés sur Chang.

Il faut conserver et protéger ceux qui ont de grands talents, exciter et protéger les hommes vertueux, donner de l'éclat à ceux qui ont de la droiture et de la fidélité, procurer la tranquillité à ceux qui sont gens de bien, relever le courage des faibles, ménager ceux qui sont sans talents, saisir ceux qui excitent des troubles, faire mourir ceux qui font violence, éviter ce qui peut causer la ruine, s'affermir dans ce qui conserve : voilà ce qui rend un état florissant.

Un prince qui travaille tous les jours à se rendre vertueux et meilleur, gagnera le cœur des peuples de tous les royaumes ; mais s'il est superbe et plein de lui-même, il sera abandonné de sa propre famille. Roi, appliquez-vous à donner de grands exemples de vertu ; soyez pour le peuple un modèle du juste milieu qu'il doit tenir ; traitez les affaires selon la justice ; réglez votre cœur selon les lois de la bienséance ; procurez l'abondance à vos successeurs. J'ai entendu dire que, qui sait se trouver un maître, est digne de régner ; et que, qui ne le sait pas, ne peut réussir. Quand on aime à interroger les autres, on ne manque de rien ; mais croire qu'on se suffit à soi-même, c'est être nul et vain.

Hélas ! pour bien finir, il faut bien commencer. On doit examiner ceux qui gardent les devoirs de leur état, détruire les brouillons et les gens cruels. Si vous respectez et si vous observez la loi du Ciel, vous conserverez toujours le mandat du Ciel [1]. (*Part. III, chap. 2*).

Instructions d'Y-yn, qui avait été ministre de Tching-tang, et qui l'était de Taï-kia.

TAÏ-KIA. Tsou-chou, 1510, 1529 avant J.-C.

A la première année [2], au second jour du cycle [3], à la douzième lune [4], Y-yn fit le sacrifice au roi prédécesseur, et présenta avec respect le roi successeur à ses ancêtres; les grands et les vassaux du domaine impérial et du domaine des grands vassaux assistèrent à cette cérémonie. Les officiers

---

[1] C'est-à-dire l'empire.

[2] La première année est celle du roi *Taï-kia*, petit-fils de Tching-tang.

[3] *Y-tcheou* dans le cycle de soixante jours; c'est le texte chinois le plus ancien qui ait clairement les signes du cycle de soixante.

[4] La douzième lune était celle dans le cours de laquelle était le solstice d'hiver; c'était la forme du calendrier de la dynastie de Chang, qui avait fixé la première lune à ce temps, selon l'auteur du Tso-tchouen.

étant venus pour prendre les ordres de ce ministre, Y-yn fit l'éloge de la haute vertu de l'illustre aïeul, et donna ces avis au roi :

Il dit : Tant que les anciens rois de Hia ne suivirent que la vertu, le Ciel ne les affligea pas par des calamités ; tout était réglé dans les montagnes, dans les rivières et parmi les esprits, il n'y avait aucun désordre parmi les oiseaux, les animaux et les poissons. Mais lorsque leurs descendants cessèrent de les imiter, l'auguste Ciel les punit par une infinité de malheurs. Il s'est servi de notre bras pour nous donner l'empire. C'est à Ming-tiao[1] que commença la décadence de Hia, et c'est à Po[2] que nous commençâmes à nous élever.

---

[1] *Ming-tiao* était un lieu de plaisance où le roi Kie commettait bien des désordres.

[2] *Po* était la demeure de Tching-tang.

Notre roi de Chang[1], qui faisait éclater partout sa sainte autorité, détruisit la tyrannie pour faire place à la clémence, et se fit véritablement aimer de tous les peuples.

Aujourd'hui, prince, dès le commencement de votre règne, succédez à ses vertus; faites paraître de l'amour pour votre famille et du respect pour les anciens; commencez donc par la famille et par le royaume, et achevez par les quatre mers[2].

Votre prédécesseur gardait inviolablement les devoirs de l'homme; il suivait les conseils salutaires qu'on lui donnait; il écoutait les anciens, et se conformait à leurs avis. Devenu maître, il connut parfaitement ceux avec qui il avait à traiter; tant qu'il ne fut que sujet, il se rendit recommandable

---

[1] C'est *Tching-tang.*
[2] *Par les quatre mers,* il faut entendre l'empire.

par sa droiture. Avec les autres, il n'exigeait pas une trop grande perfection, mais en travaillant lui-même à se rendre vertueux, il craignait sans cesse de ne pouvoir y parvenir. C'est ainsi qu'il obtint l'empire. Il faut avouer que cela est difficile.

La recherche qu'il fit des sages a été d'un grand secours pour ses successeurs.

Il mit ordre aux fautes de ceux qui remplissent des fonctions publiques en établissant des supplices. Il disait que ceux qui osent danser perpétuellement dans le palais, s'enivrer et chanter sans cesse dans leurs maisons, sont censés avoir les mœurs des magiciens ; que ceux qui courent après les richesses et les femmes, qui aiment une oisiveté continuelle et une trop grande dissipation, sont censés avoir des mœurs corrompues : que ceux qui méprisent les discours des sages, qui foulent aux pieds la sincérité et la droiture, qui éloignent les gens respectables par leur âge et par leur vertu, pour n'employer que des gens sans honneur, sont censés avoir des mœurs qui tendent au trouble et à la discorde. Si les grands et le prince ont un de ces défauts et une de ces trois espèces de mœurs, la famille et le royaume périront. Si les ministres ne corrigent point dans les autres ces défauts, il faut faire des marques noires sur leur visage; ce sera la peine dont ils seront punis. Qu'on instruise exactement les jeunes gens.

Oh! prince successeur, soyez bien attentif sur toutes vos démarches; réfléchissez-y; les vues d'un grand sage vont loin; les discours salutaires ont un grand éclat. Le souverain maître (Chang-ti) n'est pas constamment le même à notre égard ; ceux qui font le bien, il les comble de toutes sortes de bonheur ; ceux qui font le mal, au contraire, il les afflige de toutes sortes de maux. Ne méprisez pas la vertu : c'est elle qui fait le bonheur de tous les royaumes ; le défaut de vertu détruit leur gloire. (*Part. III, ch. 4.*)

Conseils donnés au roi Taï-kia par son ministre Y-yn.

Taï-kia. Tsou-chou, 1540, 1529 avant J.-C.

Le roi successeur ne suivait pas les avis d'Y-yn.

Ce ministre Y-yn écrivit un livre dans lequel il disait : Le roi prédécesseur, toujours attentif à l'ordre manifeste du Ciel suprême, ne cessa d'avoir du respect pour les esprits supérieurs et inférieurs, pour le Che-tsi et pour la salle des ancêtres. Le Ciel considérant donc sa vertu, le chargea de ses ordres suprêmes, et favorisant tous les royaumes, les affermit dans la paix et la tranquillité. Je l'aidai moi-même ; et parceque nous réussîmes dans cette entreprise, vous êtes aujourd'hui en possession de l'empire.

Quand, moi Y, j'examine Hia de la ville occidentale, je vois que tant que ses rois gardèrent les règles de leur état, ils conservèrent jusqu'à la fin leur dignité, et la firent conserver à leurs ministres ; mais quand leur successeur ne put se maintenir sur le trône, ses ministres perdirent aussi leur rang. Prince, regardez avec crainte votre état de roi ; si dans ce poste vous ne vous comportez pas en roi, vous déshonorerez votre aïeul.

Le roi paraissait insensible à ces exhortations.

Y-yn y ajouta ces paroles : Le roi

prédécesseur faisait, de grand matin, briller sa vertu ; il restait assis à attendre le lever du soleil, et il faisait faire une exacte recherche des gens sages ; par là il aidait, il encourageait d'avance ses successeurs. Ne violez donc point ses ordres, si vous ne voulez pas vous perdre.

Réfléchissez sur ses vertus, et qu'elles soient pour vous un modèle éternel.

Imitez le chasseur, qui ne tire la flèche qu'après avoir bandé l'arc et visé au but. Examinez le point fixe sur lequel vous devez porter vos vues : c'est la conduite de votre aïeul ; en l'imitant vous me comblerez de joie, et les siècles à venir vous combleront d'éloges.

Le roi ne se corrigea pas.

Y-yn dit encore : La conduite du roi n'est qu'une suite de fautes : son éducation ressemble à son naturel. Il est nécessaire qu'il n'ait aucune communication avec ceux qui ont de mauvaises mœurs. Je veux faire un palais dans Tong ; c'est là qu'auprès du roi prédécesseur je donnerai au roi des instructions, afin qu'il ne suive plus des mœurs corrompues.

En conséquence, le roi alla dans le palais de Tong; il garda là le deuil, et se mit enfin dans le vrai chemin de la vertu.

A la troisième année, le premier jour de la douzième lune, Y-yn, avec le bonnet et les autres habits royaux, alla au-devant du roi successeur, et le reconduisit à la cour nommée Po.

Il écrivit un livre dans lequel il disait : Des peuples sans roi ne peuvent vivre ni en paix ni dans l'ordre; un roi sans peuple ne peut gouverner les quatre régions. C'est par une faveur spéciale de l'auguste Ciel pour l'empire des Chang qu'on vous voit enfin perfectionné dans la vertu. Prince, c'est un bonheur qui ne finira jamais.

Le roi fit la révérence en prenant sa tête dans ses mains et en s'inclinant jusqu'à terre, et dit : Moi, jeune homme, je n'ai point brillé jusqu'ici par la vertu, et j'ai paru n'avoir aucune conduite. Pour satisfaire mes passions, je n'ai gardé ni modération ni bienséance, et une foule de crimes sont précipitamment tombés sur moi. On peut se mettre à couvert des calamités qui viennent du ciel, mais nullement de celles que nos passions déréglées nous attirent. Jusqu'ici je n'ai fait aucun cas de vos instructions, mon gouverneur ; aussi ai-je mal commencé, mais je veux bien finir ; et je compte sur les soins et sur les instructions que votre vertu me procurera.

Y-yn fit la révérence en prenant sa

tête dans ses mains et en s'inclinant jusqu'à terre, et parla ainsi : Un prince intelligent travaille à se perfectionner soi-même, et son vrai talent est de savoir s'accommoder au génie et aux inclinations de ceux qui lui sont soumis.

Le roi prédécesseur traitait les pauvres et les malheureux comme ses propres enfants; aussi les peuples lui obéissaient-ils avec joie. Les habitants des royaumes voisins disaient : Nous attendons notre véritable maître ; quand il sera venu, nous serons délivrés de l'oppression.

Prince, redoublez vos efforts pour avancer dans le chemin de la vertu ; imitez votre illustre aïeul, ne vous laissez pas surprendre un seul moment par la mollesse ni par l'oisiveté.

Si dans les honneurs que vous rendez aux ancêtres, vous remplissez les devoirs de l'obéissance filiale ; si vous gardez la gravité et la bienséance en traitant avec vos inférieurs ; si vous faites paraître du discernement dans l'examen [1] de ce qui vient de loin ; si vous vous appliquez à bien comprendre toute l'étendue du sens des discours salutaires que vous entendez, prince, je ne me lasserai jamais de voir en vous ces vertus.

Y-yn continua d'exhorter plusieurs fois le roi en ces termes : Le Ciel n'a point d'affection particulière pour personne ; il aime ceux qui ont du respect. L'attachement des peuples à leur souverain n'est pas constamment le même ; ils ne sont attachés qu'à ceux qui sont humains et bienfaisants. Les esprits ne regardent pas toujours de

---

Cet examen, qui vient de loin, est l'examen de c qui est et de ce qui se passe dans tous les pays de l'empire.

bon œil les cérémonies qu'on leur fait, et ils ne sont favorables qu'à ceux qui les font avec un cœur droit et sincère. Que le trône confié par le Ciel est difficile à occuper !

La paix ou la bonne administration règne où règne la vertu ; si celle-ci manque, tout est dans le trouble et la confusion. Celui qui tient une conduite pacifique et conforme à la droite raison, réussit dans ses entreprises ; mais s'il se livre à la discorde, il ne peut manquer d'échouer. Faire ce qui convient pour bien commencer et pour bien finir, est l'ouvrage d'un roi très intelligent.

Le roi votre prédécesseur travailla sans relâche à se rendre vertueux, et il put être comparé au souverain seigneur (Chang-ti). Prince, puisque vous lui succédez, ayez les yeux attachés sur lui.

Si l'on veut monter sur un lieu élevé [1], il faut nécessairement commencer par le bas; si on veut aller vers un lieu éloigné, il faut nécessairement partir d'un endroit qui soit près.

Ne méprisez pas les occupations du peuple, considérez-en les difficultés ; ne vous regardez pas hors de danger sur le trône, concevez-en au contraire tout le péril.

C'est en commençant qu'il faut réfléchir, et non à la fin.

Si ces paroles sont contraires à vos inclinations, vous devez rechercher les prescriptions de la raison ; mais si elles sont conformes à ce que vous souhaitez, vous devez également rechercher ce qui est contraire à la raison pour l'éviter.

---

[1] Le sens est que la vertu s'acquiert peu à peu.

Hélas! si l'on ne fait point de réflexion, comment comprendre ce que j'ai dit? et si l'on ne fait pas des efforts, comment l'accomplir? Un seul homme de bien peut régler tous les royaumes.

Sur des discours artificieux, un prince ne doit pas changer l'ancien gouvernement. Si un ministre, pour son plaisir et pour son utilité, ne veut pas rester en charge, quand le terme de sa commission est fini, c'est un avantage éternel pour l'empire.

Y-yn voulait remettre le gouvernement entre les mains de Taï-kia, et se retirer; mais auparavant il lui donna de nouveaux préceptes pour pratiquer la vertu.

Il dit : Hélas! on ne doit pas compter sur une faveur constante du Ciel; il peut révoquer son mandat. Si votre vertu subsiste constamment, vous conserverez le trône ; mais l'empire est perdu pour vous, si vous n'êtes pas constamment vertueux.

Le roi de Hia ne put être constant dans la vertu ; il méprisa les esprits et opprima le peuple ; aussi l'auguste Ciel ne le protégea plus, et jeta les yeux sur tous les royaumes pour faire paraître et pour instruire celui qui devait recevoir son mandat ; il chercha [1], un homme d'une vertu très pure, qu'il voulait mettre à la tête des affaires qui regardent les esprits ; alors Tching-tang et moi avions les mêmes dispositions qui nous unissaient au cœur du Ciel. L'ordre du Ciel fut clair et manifeste ; nous obtînmes l'empire, et nous changeâmes le Tching de Hia.

<small>On représente ici l'empereur comme choisi du Ciel pour être à la tête des affaires qui regardent les esprits. Le seul empereur a droit de sacrifier publiquement au Ciel ou Chang-ti. Ce droit, attaché à l'empereur dès le commencement de l'empire, est remarquable.</small>

Ce n'est pas que le Ciel ait un amour particulier pour notre dynastie de Chang. Le Ciel aime une vertu pure. Ce n'est pas la dynastie de Chang qui a recherché les peuples, mais ce sont les peuples qui sont venus chercher la vertu.

Si la vertu est pure et sans mélange, on est heureux dans tout ce qu'on entreprend ; mais s'il y a du mélange, on est malheureux. Le bonheur ou le malheur ne sont point attachés à la personne des hommes, mais le bien ou le mal que le Ciel envoie dépendent de leur vertu ou de leurs vices.

Maintenant, prince, qui venez de recevoir le mandat souverain, ne pensez qu'à avancer de plus en plus dans la vertu ; travaillez-y depuis le premier jusqu'au dernier, et tous les jours renouvelez-vous.

Quand il s'agit des ministres, n'employez que des gens sages et qui aient des talents ; que tous ceux qui sont auprès de vous soient tels. Un ministre doit penser à aider son souverain dans la pratique de la vertu, et à être utile au peuple. Employez tous vos efforts, soyez attentif, aimez la paix, et soyez invariable dans votre conduite.

La vertu n'a point de modèle déterminé et invariable ; mais celui qui fait le bien peut servir de modèle. Les bonnes actions ne sont pas déterminées d'une manière spéciale ; mais tout ce qui se fait de bien se réduit à un seul principe.

Si vous faites en sorte que tout le peuple dise : Que les discours du roi sont sublimes ! qu'il dise encore : Que son cœur est droit ! vous jouirez de la prospérité de votre aïeul, et vous conserverez à jamais les biens et la vie du peuple.

Si le roi est sans peuple, de qui se servira-t-il? Si le peuple est sans roi, par qui sera-t-il gouverné? Plein de vous-même, ne méprisez pas les autres, sous prétexte qu'ils sont incapables. Les gens les plus faibles, hommes et femmes, peuvent faire quelque chose de bon; si le maître du peuple le néglige, il ne remplit pas les devoirs de son état. *(Part. III, ch. 5 et 6.)*

Le roi, à l'occasion des débordements du Hoang-ho, exhorte ses sujets à quitter l'ancienne cour pour aller s'établir ailleurs.

Pan-keng. Tsou-chou, 1515, 1258, avant J. C.

Lorsque Pan-keng [1] voulut trans-

[1] *Pan-keng*, roi de la dynastie de *Chang*, tenait sa cour à Keng, ancienne ville du Hoang-ho dans le district

porter la cour à Yn, le peuple refusant d'y aller, ce prince fit venir ceux qui paraissaient les plus mécontents, et leur parla ainsi :

Le roi de notre dynastie, qui vint autrefois ici, aimait ses sujets, et ne pensait pas à leur donner la mort. Depuis ce temps, les peuples n'ont pu s'aider mutuellement dans leurs besoins. J'ai consulté le Sort, et il m'ordonne d'exécuter mon dessein.

Les rois mes prédécesseurs, par respect pour les ordres du Ciel, dans de pareilles circonstances, ne demeuraient pas toujours dans le même lieu ; la ville royale va être placée pour la cinquième fois dans un endroit différent du royaume. Si aujourd'hui je ne me confor-

---

de Kie-tcheou, du Chansi. Les inondations du Hoang-ho causèrent de grands dommages à la ville royale ; c'est ce qui obligea ce prince à transporter sa cour à Yn dans le district de Ho-nan-fou, du Honan.

mais pas à cette ancienne pratique, ce serait ignorer l'ordre prescrit par le Ciel; et pourrait on dire que je marche sur les traces des princes mes prédécesseurs?

Notre État est semblable à celui d'un arbre renversé dont il reste quelque rejeton; le Ciel, en perpétuant notre mandat, veut, dans une nouvelle ville, faire continuer ce que nos ancêtres ont commencé; n'est-ce pas rétablir la tranquillité dans tous les lieux?

Pan-keng, en instruisant le peuple, commença par les hommes qui étaient constitués en dignité, et leur proposa l'exemple des anciens; il leur fit voir qu'ils devaient garder les lois qu'ils avaient établies; mais craignant que les vrais sentiments des populations ne lui fussent pas connus, il convoqua la foule du peuple dans le palais.

Le roi s'exprima à peu près en ces

termes : Venez tous, je veux vous instruire ; soyez sincères, rectifiez votre cœur, et ne vous opiniâtrez pas à vouloir vivre dans la mollesse et la volupté.

Anciennement les rois mes prédécesseurs se servaient d'anciennes familles pour gouverner les affaires ; ils avaient de grands égards pour leurs ministres, parceque ceux-ci rapportaient fidèlement au peuple les sentiments du prince ; le peuple était tranquille et tout occupé de son bien-être, parcequ'on ne proférait pas témérairement des paroles coupables. Aujourd'hui, vous faites courir des bruits dangereux, auxquels le peuple ajoute foi. Je ne sais pas ce que vous prétendez produire par là.

Je n'ai nullement perdu l'amour du bien public ; mais vous, en cachant au peuple mon zèle à cet égard, n'avez-vous pas craint de m'offenser? C'est comme si je voyais le feu. Je vous suis d'un faible appui, mais je puis faire connaître vos fautes.

Si dans le filet qui est tendu les cordes sont longues, il n'y a aucune confusion ; de même si les laboureurs travaillent sans relâche quand il faut semer, ils auront en automne une abondante récolte.

Si vous rectifiez votre cœur, si votre zèle sincère s'étend jusqu'au peuple, jusqu'à vos amis, vous pouvez sans crainte vous glorifier de suivre le chemin de la vertu.

Vous ne craignez pas un mal qui désole les lieux près et éloignés; semblables en cela aux laboureurs paresseux qui ne songent qu'à se divertir, qui ne se donnent aucune peine, et qui négligent la culture de leurs champs ; croyez-vous qu'ils puissent avoir une abondante récolte ?

Si dans ce que vous dites au peuple vous n'avez point de paroles de félicitations et d'encouragement, c'est vous qui répandez le poison. Et puisque vous en êtes les auteurs, on doit vous punir comme des criminels. C'est en vain que vous vous repentirez, on ne doit pas vous épargner. Dans le temps que le peuple veut faire ses représentations pour se délivrer des maux qu'il souffre, vous faites courir des bruits inconsidérés ; votre vie et votre mort sont entre mes mains, et cependant vous ne m'avertissez pas de ce qui se passe ; au contraire, les discours vides que vous tenez entre vous ne servent qu'à inspirer des craintes au peuple. Quand le feu prend dans une vaste campagne, quoiqu'on ne puisse s'en approcher, on peut parvenir à l'éteindre. Le désordre a commencé par vous, vous êtes les coupables, et ce n'est pas moi qui le suis.

Tchi-jin [1] disait : « Parmi les hommes on doit choisir les anciens ; parmi les ustensiles, il ne faut pas rechercher les anciens, mais les nouveaux. »

Autrefois le travail et le repos agréables furent communs à vos ancêtres ; oserais-je donc vous punir sans raison? De siècle en siècle on a récompensé le mérite de vos ancêtres ; cacherai-je ce que vous avez de bon? Lorsque je fais de grandes cérémonies à mes ancêtres[2], les vôtres sont à côté des miens, et ont

---

[1] On ne sait rien de détaillé sur ce *Tchi-jin*. Les commentaires disent que c'est le nom d'un ancien sage.

[2] Dans la salle des ancêtres des empereurs on fait mettre le nom des sujets qui ont rendu de grands services à l'État. Par ce texte, on voit que cette coutume est bien ancienne.

part à ces cérémonies [1], soit dans le bonheur, soit dans le malheur ; comment oserais-je, sans raison, vous récompenser ?

Ce que je vous propose est difficile ; j'imite celui qui tire de la flèche, et ne pense qu'au but ; ne méprisez jamais ni les vieillards ni les jeunes gens sans appui ; travaillez à vous maintenir toujours dans votre état, et faites vos efforts pour m'aider dans l'exécution de mes desseins.

Je punirai de mort ceux que je trouverai coupables, parents ou autres ; je ferai valoir ceux qui feront leur devoir ; ce sera à vous que j'attribuerai le bien qui résultera pour le royaume, et à ma négligence à punir les fautes ce qui arrivera de mal.

[1] Selon beaucoup d'interprètes, le sens de cette phrase est que les âmes des rois et des grands dont on parle sont dans le ciel et voient le bonheur et le malheur qui arrivent.

Avertissez exactement les autres de ce que je vous dis; que dans la suite chacun soit attentif à faire ce qui sera ordonné, et à remplir les devoirs de son état. Dans vos paroles, soyez réservés; autrement n'attendez aucun pardon; le repentir serait inutile.

Pan-keng se prépara à passer la rivière [1], et ayant ordonné au peuple de partir, il fit venir ceux qui avaient de la répugnance; après que tous furent rassemblés, il leur ordonna de garder le respect convenable dans le palais; ensuite il les fit entrer et leur parla avec autant de force que de droiture.

Il leur dit : Soyez attentifs à mes paroles, ne résistez pas à mes ordres.

Les rois mes prédécesseurs n'oubliaient pas de penser aux besoins des populations; celles-ci à leur tour sou-

---

1 La rivière dont il s'agit est le Hoang-ho. La cour était au nord de cette rivière, on la transporta au sud.

tenaient leur prince, et ces efforts qu'on faisait de part et d'autre les mettaient à couvert des malheurs des temps.

Lorsque notre dynastie Yn fut dans la désolation, les rois mes prédécesseurs ne voulurent pas rester plus longtemps dans leur demeure, et ils résolurent de la transporter ailleurs, dans la vue de procurer un plus grand avantage au peuple. Pourquoi ne pensez-vous pas à ce que vous avez entendu dire de nos prédécesseurs ? En faisant paraître tant d'attention pour ce qui vous regarde, ce n'est que pour vous soulager, et je ne prétends pas vous exiler comme des criminels.

Quand je vous dis d'aller dans la nouvelle ville, c'est pour vous que je le dis, et pour me conformer à leurs intentions (des ancêtres).

Maintenant, je ne veux vous faire changer de demeure que pour affermir le royaume ; vous ne paraissez pas sensibles à la tristesse qui accable mon cœur. Si vous me déclariez sincèrement vos pensées, si vous étiez véritablement unis à moi de cœur et de sentiments, j'en serais soulagé ; mais vous n'en faites rien ; vous attirez sur vous toutes sortes de calamités ; vous êtes comme des gens qui se sont embarqués ; si vous ne passez pas la rivière, vos provisions seront corrompues : ce qu'on transporte se pourrira. Si vous persistez à ne me pas suivre, vous périrez certainement dans les eaux ; réfléchissez-y : quand même en particulier vous gémiriez, de quel secours cela vous sera-t-il ?

Si vous ne réfléchissez pas davantage sur les maux qui vous menacent, vous courez à grands pas vers votre perte ; vous avez aujourd'hui l'occasion, pouvez-vous répondre de l'avenir ?

et comment trouverez-vous en haut [dans le ciel] un garant de la conservation de votre vie?

J'ai encore un avis à vous donner : si vous commencez mal, vous risquez de vous perdre ; prenez garde que d'autres ne vous fassent un mauvais parti.

Je souhaite que le Ciel continue de vous conserver la vie ; je n'ai garde de vous faire violence par des menaces, je veux avoir soin de vous faire subsister.

En réfléchissant sur ce que vos ancêtres ont souffert et entrepris pour mon divin prince, je ne puis m'empêcher de vous protéger et de vous aimer.

Un plus long séjour dans cette ville nuirait aux affaires du royaume ; mon sublime [1] prince ferait tomber sur moi

[1] Il faut entendre par là le roi Tching-tang.

une foule de calamités : pourquoi, dirait-il, faire souffrir tant de maux à mon peuple?

Si vous tous, vous ne prenez pas avec moi des mesures pour conserver votre vie, si de part et d'autre tout ne se fait pas de concert, notre ancien prince vous punira, et vous accablera de malheurs. Il vous dira : Pourquoi ne vous accordez-vous pas avec mon descendant? Si vous vous écartez donc du chemin de la vertu, vous ne pourrez éviter les maux qui vous arriveront d'en haut.

Les rois mes prédécesseurs [1] ont été servis par vos aïeux, et ceux-ci, dans les occasions, ont souffert beaucoup pour mes ancêtres. Vous êtes tous le peuple dont je prends soin ; si vous détruisez

---

[1] On voit ici que Pan-keng supposait que l'ame de Tching-tang et celle des aïeux, de ceux à qui il parlait, subsistaient encore.

ce qui doit être dans votre cœur à mon égard, mes ancêtres consoleront vos aïeux, et ceux-ci vous abandonneront, ne vous secourront pas, et vous périrez.

Si parmi ceux qui administrent en mon nom il s'en trouve qui veuillent accumuler des trésors, leurs ancêtres avertiront mon sublime prince; ils diront : Punissez nos neveux. Mon sublime prince se rendra à leurs prières, et vous accablera de toutes sortes de malheurs

Hélas! maintenant que je vous fais un appel, vous n'y répondez pas avec les égards qu'il mérite; mais pensez à mon chagrin, et ne détournez pas cet objet de votre esprit; que chacun de

---

Cela suppose aussi que l'ame subsiste après la mort. Selon les anciens Chinois, les ames des gens illustres par leur vertu étaient devant le *Chang ti*, et le *Chang-ti* étant le souverain Seigneur, les esprits et les ames des gens morts vertueux ne pouvaient rien sans l'ordre du *Chang-ti*.

vous réfléchisse et délibère ; que tous obéissent et suivent le juste milieu.

S'il y a parmi vous des gens vicieux et de mauvaises mœurs qui n'observent aucune règle, qui troublent et renversent tout ; s'il y a des gens trompeurs, de mauvaise foi et des voleurs, j'ordonnerai qu'on leur coupe le nez, qu'on les mette à mort, qu'on éteigne leur race, et que leurs neveux n'aillent pas dans la nouvelle ville.

En sortant d'ici vous conserverez votre vie, et vous vous assurerez un repos durable. Les ordres que je vous donne pour partir affermiront à jamais vos familles.

Quand Pan-keng eut transporté la cour dans le lieu qu'il avait choisi, il régla ce que chacun devait faire dans son état pour la tranquillité des populations.

Il dit : Ne soyez pas négligents dans

vos emplois ; pensez à affermir solidement notre dynastie.

Maintenant, je veux vous ouvrir mon cœur, et vous faire part de mes vrais sentiments. Je ne prétends pas vous condamner ; ne vous assemblez donc pas pour vous communiquer vos ressentiments et pour faire des plaintes amères contre moi qui ne suis qu'un seul homme.

Autrefois le roi prédécesseur, dans le grand desir d'imiter les belles actions des anciens, voulut aller sur les montagnes. Il délivra notre royaume des maux qui l'affligeaient, et nous rendit les plus grands services.

Aujourd'hui nos populations désolées sont obligées de quitter leur habitation ordinaire ; elles n'ont aucun lieu où elles puissent demeurer tranquilles ; pourquoi donc dites-vous que je trouble et que j'épouvante les populations en les faisant aller ailleurs?

Le souverain Maître (Chang-ti) a voulu faire encore briller la vertu de l'illustre fondateur de notre dynastie, et protéger notre empire ; c'est pour cela que, de concert avec quelques sujets fidèles et respectueux, je veux travailler à la conservation de la vie de mes peuples, et fixer maintenant et pour toujours ma demeure dans la nouvelle ville..

Je n'ai pas prétendu, moi, homme de peu de mérite, faire peu de cas de vos avis; j'ai seulement voulu exécuter ce qui m'a paru raisonnable. Personne n'ose résister à la décision du Sort, il faut le prendre pour règle.

O vous, qui êtes à la tête des grands vassaux de l'État, vous qui êtes les chefs des mandarins, et vous qui avez soin des affaires, vous êtes toujours sans doute accablés de tristesse!

C'est par choix, et après un examen attentif, que je vous indique ce que vous devez faire ; pensez soigneusement à mes peuples.

Je ne me servirai jamais de ceux qui cherchent à s'enrichir ; mais je distinguerai et j'aimerai ceux qui sont attentifs à défendre la vie et les biens de mes sujets, ceux dont les vues et les desseins ont pour objet le bien public, et la conservation des peuples dans leurs habitations.

Aujourd'hui je vous ai fait venir en ma présence pour vous dire ce que je crois devoir être fait, et ce qui ne doit pas se faire, ne négligez rien de ce que j'ai dit.

Au lieu de vous occuper à rassembler des richesses et des choses rares, ne pensez qu'à acquérir le mérite de procurer au peuple un repos et une tranquillité durables.

Faites-lui connaître le chemin de la vertu, et joignez toujours à une grande exactitude la droiture et la simplicité du cœur.

(*Part. III, ch. 7.*)

Demandes du roi, et instructions de Fou yue.

Vou-ting. Tsou-chou, 1274, 1216, avant J. C.

Le roi, après trois ans de deuil passés dans le palais de Leang-gan, gardait encore le silence. Tous les grands lui firent alors des représentations. Ils lui dirent : Écoutez, prince! celui qui sait est appelé celui qui comprend et qui voit clairement; celui qui comprend et qui voit clairement est le véritable modèle à imiter. Alors le fils du Ciel, qui est le seul maître de tous les royaumes, doit être considéré par tous les mandarins ou fonctionnaires publics comme leur modèle. Les paroles du roi sont de véritables ordres ; mais s'il ne parle pas, les ministres ne peuvent recevoir ses instructions.

Le roi, pour répondre à ces interpellations, fit un livre dans lequel il disait : C'est avec une grande satisfaction que je me suis appliqué à mettre le bon ordre dans tout le royaume ; mais j'ai toujours appréhendé de ne pas avoir une vertu suffisante pour cela. C'est pourquoi si je ne parle pas, c'est parceque je crains de ne pas imiter la vertu de mes prédécesseurs. J'ai réfléchi respectueusement en moi-même sur la manière de diriger ma raison relativement à un songe dans lequel l'empereur m'a donné un sage pour ministre ; c'est lui [le nouveau ministre] qui doit parler pour moi.

On décrivit donc la figure de cet homme qui avait apparu en songe. On prît cette description, et on chercha dans tout le royaume. Yue, habitant dans un endroit retiré et désert de Fou-yuen, fut le seul homme que l'on trouva ressemblant.

C'est pourquoi il fut établi ministre, et le prince lui confia le soin de toutes les affaires.

Il lui donna ses ordres en ces termes : Matin et soir [depuis le matin jusqu'au soir] instruisez-moi dans la pratique du bien. Aidez-moi à me rendre vertueux.

Soyez pour moi ce qu'est une pierre à aiguiser le fer, ce que sont une barque et des rames pour passer une rivière considérable, et ce qu'est une pluie abondante dans une année de sécheresse.

Ouvrez votre cœur et arrosez le mien.

Si après avoir pris une médecine,

on ne sent aucun trouble dans les yeux et dans le cœur, on ne peut attendre de guérison ; si en marchant pieds nus, on ne jette pas les yeux sur la terre, le pied sera blessé.

De concert avec les ministres, ne craignez pas de me redresser, quoique je sois votre supérieur ; procurez la tranquillité au peuple, en faisant en sorte que j'imite les rois mes prédécesseurs, et surtout mon sublime prince.

Observez exactement ce que je vous ordonne en ce moment, et ne cessez jusqu'à la fin de le pratiquer.

Yue s'adressant à son tour au roi, dit : C'est par la règle et par le cordeau que le bois devient droit. Si le roi se conforme aux avis des sages, il pourra devenir parfait, et s'il est parfait, ses ministres feront d'eux-mêmes leur devoir : qui oserait alors violer les ordres d'un tel roi ?

Yue, après avoir assemblé tous les mandarins, et leur avoir communiqué ses ordres, s'étant approché du roi, dit : Le roi intelligent, qui autrefois se conforma avec respect à la loi du Ciel, fonda l'empire et établit une cour. Il assigna des lieux où devaient résider le roi, les grands vassaux et les grands mandarins. Ce prince intelligent ne s'occupe pas des plaisirs, il n'eut que le gouvernement du peuple en vue.

Il n'y a que le Ciel [1] qui soit sou-

---

[1] La parfaite intelligence attribuée ici au Ciel a été fort remarquée par les interprètes anciens et modernes. Ceux qui ont prétendu que les anciens Chinois n'ont reconnu d'autre ciel que le matériel, n'ont eu garde d'examiner ces sortes de passages dans les King. C'est cependant de l'interprétation de ces passages clairs qu'on doit juger de ce que pensent les Chinois d'aujourd'hui.

Le célèbre *Tsaï-chin*, qui vivait vers l'an 1200 de J.C.,

verainement intelligent et éclairé, l'homme parfait l'imite, les ministres lui obéissent avec respect, et le peuple suit les lois du gouvernement.

La bouche fait naître la honte [si elle donne des ordres injustes]; le casque et la cuirasse amènent la guerre; les habits doivent être mis dans les armoires. Il faut être attentif aux armes. Abstenez-vous des fautes qui peuvent venir de ces quatre sources; mais si vous vous procurez sincèrement l'avantage qui peut en résulter, il

dit qu'il n'y a rien que le Ciel n'entende et ne voie. Les autres commentateurs expliquent en détail cette souveraine intelligence. Le commentaire à l'usage de *Kang-hi* dit que le Ciel est simple, intelligent, juste, spirituel; qu'il voit tout ce qui se fait en public et en particulier dans les endroits les plus cachés. Le beau commentaire *Ge-ki* dit : Pouvoir châtier les mauvais, récompenser les [bons], être la vérité même, être esprit incompréhensible, [pe]rmanent, juste, sans passion; tout cela se [trou]ve [exprimé dans] deux caractères chinois *Tsong-ming*, qui [sig]nifient souverainement intelligent.

n'est aucun bien que vous ne puissiez faire.

La paix et le trouble dépendent des mandarins des divers ordres. Les emplois ne doivent pas être donnés à ceux qui ne suivent que leurs passions et leurs intérêts privés, mais à ceux qui ont de la capacité et qui ont en vue le bien public; les honneurs ne doivent pas être conférés aux méchants, mais aux sages.

Pensez au bien avant d'agir, mais sachez choisir le temps pour le faire.

Croire qu'on a assez de vertu, c'est perdre sa propre vertu; et se vanter de ses bonnes actions, c'est en perdre le mérite.

Réfléchissez avant que d'agir; c'est en réfléchissant qu'on prévient bien des chagrins.

Si l'on ne fait pas de bien aux hommes, on en est méprisé, si l'on ne rougit pas d'une faute involontaire, c'est une nouvelle faute.

Si l'on est fixe sur un objet déterminé, le gouvernement sera simple et facile.

Dans les sacrifices et dans les oblations, observez la propreté; autrement il n'y a point de respect. Les rits et les cérémonies trop multipliés font naître de la confusion; il n'est pas aisé de servir et d'honorer les esprits.

Le roi dit : Que cela est admirable! Je veux suivre exactement vos avis. Si vous ne m'aviez pas parlé ainsi, comment aurais-je appris ce que je dois faire?

Yue salua respectueusement en plaçant sa tête entre ses mains et s'inclinant jusqu'à terre ; il dit : Il n'est pas difficile de connaître le bien, mais il est difficile de le mettre en pratique. Prince, si vous avez de la bonne volonté, rien ne vous sera difficile, et vous imiterez la parfaite vertu de vos prédécesseurs. Si je ne parlais pas ainsi je serais coupable.

Le roi dit : Approchez, Yue. Autrefois, étant jeune, j'étudiai sous Kan-pan, et je demeurai caché dans les villages de la campagne, d'où je vins près de la rivière ; je me rendis ensuite à Pô, et à la fin je n'en fus pas plus instruit.

Faites-moi connaître la vérité ; soyez pour moi ce que le riz et le froment sont pour le vin, ce que le sel et le *mei* sont pour le bouillon ; corrigez-moi, et ne m'abandonnez pas ; je crois être en état de pouvoir profiter de vos instructions.

Yue dit au roi : L'homme qui veut savoir beaucoup et entreprendre des choses considérables, doit examiner l'antiquité. Si dans une entreprise on ne suit pas les anciens, je n'ai pas entendu dire qu'elle puisse réussir ni subsister.

Si en cherchant à vous instruire vous restez humble et modeste, si vous apportez une attention perpétuelle à vos actions, vous viendrez à bout de vous perfectionner, et si vous le voulez sincèrement, vous posséderez l'art de gouverner.

Instruire les autres est la moitié de la doctrine; celui qui, depuis le commencement jusqu'à la fin, s'attache à donner des préceptes aux autres, s'instruit lui-même, sans s'en apercevoir.

En examinant les lois des anciens rois, on voit que si elles sont bien gardées, on ne commettra point de fautes.

Pour me conformer à ces lois, je chercherai de tous côtés des gens propres au gouvernement, et je les emploierai dans toutes les fonctions publiques.

Le roi dit : Tout ce qui est entre les quatre mers, en jetant les yeux sur moi, saura que ma vertu n'est que le fruit de vos instructions.

Les pieds et les mains servent à composer l'homme, et un bon ministre rend son roi parfait.

Autrefois Pao-heng fut ministre du roi prédécesseur ; il disait : Si je ne puis faire de mon prince un autre Yao, un autre Chun je serai aussi honteux que si on m'avait battu dans une place publique. Si un seul homme avait de la peine à vivre dans le royaume, je me croirais coupable de cette faute. C'est ainsi que Pao-heng conduisit mon illustre prédécesseur jusqu'à l'auguste Ciel. Aidez-moi donc, et faites en sorte que Pao-heng ne soit pas le seul grand ministre de la dynastie de Chang.

Un roi sans un sage ne saurait gouverner, comme un sage sans un bon roi ne peut faire le bien. Vous, Yue, mettez-moi en état d'être un digne successeur des rois mes ancêtres, et procurez au peuple un repos qui soit durable. Yue fit une profonde révérence en s'inclinant jusqu'à terre, la tête dans ses mains, et dit : Je reçois sans crainte les ordres du fils du Ciel, et je les publierai. [*Partie III, ch. 8.*]

Vou-vang représente aux peuples la conduite barbare du roi de Chang, autrement Yn. Il leur annonce que le Ciel l'a choisi pour gouverner le royaume, et les exhorte à lui obéir.

Vou-vang. Tsou-chou, 1050, 1045, av. J. C.

Au printemps de la treizième année ¹, il y eut une grande assemblée à Meng-tsin ².

Le roi dit : Vous qui êtes les respectables seigneurs des royaumes voisins, vous qui êtes préposés au gouvernement des affaires et au commandement des troupes, écoutez attentivement les ordres que j'ai à vous donner.

Le Ciel et la terre sont le père et la mère de tous les êtres. L'homme, entre tous ces êtres, est le seul qui ait l'intelligence en partage ; mais un roi doit l'emporter par sa droiture et son discernement, il devient le père et la mère du peuple.

Aujourd'hui Cheou, roi de la dynastie de Chang, n'a aucun respect pour le Ciel suprême, accable de calamités le pauvre peuple.

1 Il est incertain d'où l'on doit compter cette treizième année.
2 *Meng-tsin*, ville du Ho-nan.

Ce roi est livré au vin et à la débauche; il se plaît à exercer des cruautés inouïes; lorsqu'il punit, la punition s'étend sur toute la famille; s'il donne des dignités, il les rend héréditaires. Il fait des dépenses excessives en maisons de plaisance, en tours, en pavillons, en chaussées et en lacs; il épuise les peuples par ses exactions; il fait mettre en broche et rôtir les gens de bien et ouvrir le ventre des femmes enceintes. L'auguste Ciel irrité a mis entre les mains de mon illustre père son autorité respectable; mais mon père n'a pu achever d'exécuter les ordres du Ciel.

C'est pourquoi, moi, Fa[1], homme de peu de moyens, et vous qui commandez aux royaumes voisins, exami-

---

[1] *Fa* est le nom du roi Vou-vang. Vou-vang s'appelle lui-même *siao*, petit, chétif, homme de peu de moyens.

nons le gouvernement des Chang. Le roi Cheou ne pense point à réformer sa conduite ; tranquille sur son État, il ne rend plus ses devoirs ni au souverain Seigneur (Chang-ti), ni aux esprits ; il ne fait plus les cérémonies dans la salle de ses ancêtres ; il laisse prendre par des voleurs les animaux destinés aux offrandes, et les autres choses ; je dis en conséquence, puisque c'est moi qui suis chargé des peuples, et qui ai reçu le mandat de les gouverner, ne dois-je pas remédier à ce désordre ?

Le Ciel, pour aider et assister les peuples [1], leur a donné des princes, leur a donné des instituteurs ou chefs habiles. Les uns et les autres sont les ministres du souverain Seigneur

---

[1] *Vou-vang* veut faire voir qu'il est choisi par le ciel pour être roi.

(Chang-ti) pour gouverner l'empire paisiblement et avec douceur ; pour punir les coupables et récompenser les bons. Comment oserais-je agir d'une manière contraire à ses intentions?

Lorsque les forces sont égales, il faut avoir égard aux talents ; si les talents sont égaux, il faut avoir égard à la droiture du cœur. Le roi Cheou a sous ses ordres une infinité de soldats qui tous ont des sentiments différents; je n'en ai que trois mille, mais ils n'ont tous qu'un même sentiment

Les crimes du roi de Chang sont à leur comble; le Ciel ordonne qu'il soit châtié, et si je ne me conforme pas aux ordres du Ciel, je serai complice de Cheou.

Tous les jours je tremble et je m'observe. J'ai succédé aux droits de mon illustre père : je fais, à l'honneur du souverain Seigneur (Chang-ti), la cérémonie Loui ; à l'honneur de la terre, la cérémonie Y [1], et je me mets à votre tête pour appliquer les châtiments décrétés par le Ciel.

Le Ciel a de la prédilection pour les peuples : ce que le peuple desire, il s'empresse de le lui accorder. Vous tous, aidez-moi à affermir pour toujours la tranquillité des contrées situées entre les quatre mers ; quand l'occasion s'en présente, il ne faut pas la perdre.

Au jour cinquante-cinquième du cycle, le roi fit faire halte à son armée au nord du fleuve ; les princes et les grands étaient à la tête de leurs corps.

---

[1] Ces sacrifices, selon Confucius, sont pour le *Chang-ti* ; ainsi le sacrifice au ciel et à la terre n'est qu'un seul sacrifice fait au Seigneur du ciel et de la terre (*Chang-ti*). S'il s'agissait ici de quelques esprits particuliers qu'on honorait quand on allait combattre les ennemis, alors la cérémonie était différente de celle qui était faite au *Chang-ti*.

Le roi voyant les troupes assemblées, les encouragea, et leur donna ses ordres en ces termes :

Il dit : Vous qui venez de la terre occidentale, et qui êtes nombreux, écoutez ce que j'ai à vous prescrire.

Un homme de bien qui pratique la vertu s'exerce chaque jour dans la pratique de cette vertu, et ne se lasse jamais ; l'homme pervers qui se livre au vice s'exerce chaque jour dans le vice, et ne se lasse jamais. Cheou, roi de Chang, fait tous les jours de nouveaux efforts, et se livre à toutes sortes d'excès ; il repousse les respectables vieillards pour se lier avec des criminels, pour s'adonner au vin et à la débauche ; il en résulte beaucoup de cruautés. Les fonctionnaires inférieurs l'imitent ; ils s'unissent entre eux ; on ne voit que vengeances, abus d'autorité, querelles, et oppressions de toutes sortes, qui produisent des accusations et des meurtres. Les innocents ont été obligés d'avoir recours au Ciel, et leur vertu, justement opprimée, leur a fait pousser des cris qu'il a entendus.

Le Ciel chérit les peuples, et un roi doit se conformer au Ciel. Kie, roi de la dynastie de Hia, n'avait pas obéi au Ciel ; il avait inondé le royaume du venin de sa méchanceté ; c'est pourquoi le Ciel a secouru Tching-tang, et l'a chargé de détruire Kie avec la dynastie *Hia*.

Les crimes de Kie n'étaient pas cependant aussi grands que ceux de Cheou. Celui-ci a chassé son frère aîné, qui était doué d'une grande sagesse ; il a fait souffrir une mort cruelle à ceux de ses ministres qui lui faisaient des représentations ; il a osé dire qu'il avait le mandat du Ciel : qu'il n'était pas nécessaire d'être ni grave ni réservé ; que les sacrifices et les cérémonies n'étaient d'aucune utilité ; il a dit que ses rigueurs et ses cruautés ne pouvaient lui faire aucun mal. Votre miroir n'est pas éloigné ! Examinez le roi de la précédente dynastie Hia. Le Ciel me destine pour avoir soin des peuples ; cette destination est conforme à mes songes, et le sort la confirme : voilà un double présage. Si on en vient à un combat avec le roi de Chang, certainement je serai vainqueur.

Cheou a une infinité d'archers à son service ; mais ils diffèrent tous par les sentiments et les qualités. Les officiers dont je me sers sont au nombre de dix ; mais ils ont les mêmes sentiments et les mêmes qualités. Cheou n'emploie que ses parents et ses alliés ; mais les parents doivent-ils être préférés aux sages ?

Le Ciel voit ce que les peuples voient ; le Ciel entend ce que les peuples entendent. Tout le monde se réunit pour me blâmer ; il faut donc que je marche.

En répandant partout la terreur de mes armes, en entrant sur les frontières de Cheou, en réprimant sa malice et sa cruauté, j'acquerrai, par ma victoire, la même gloire qu'acquit autrefois Tching-tang.

Vous qui êtes à la tête des corps de troupes, soyez attentifs ; ne soyez pas sans vigilance ; il vaut mieux se défendre que de mépriser ses ennemis. Les peuples sont aussi effrayés que si l'on allait briser leur tête. Holà ! n'ayez qu'un esprit et qu'un cœur ; achevons ce que nous avons commencé, et que notre ouvrage subsiste éternellement.

Le jour suivant, le roi fit la revue

de ses six corps de troupes et leur donna ses ordres.

Le roi dit : Holà ! vous qui m'avez suivi du pays occidental, et qui êtes sages, écoutez : La loi du Ciel se fait clairement entendre et connaître; ses différents articles sont manifestes. Aujourd'hui, le roi de Chang ne fait aucun cas des cinq devoirs [1], et il les viole sans crainte, quand il le juge à propos; il est rejeté du Ciel; il est détesté et maudit par le peuple.

Il a fait couper les jambes à ceux qui le matin avaient passé la rivière à gué. Il a fait ouvrir le cœur de ceux que la vertu rendait respectables; par ses cruautés, ses tortures et ses meurtres, il a empoisonné et dépeuplé le pays compris entre les quatre mers. Il

---

[1] Les cinq devoirs dont on parle sont ceux indiqués page 10.

a donné son estime et sa confiance aux hommes les plus corrompus et les plus pervers, il a destitué de leurs emplois ceux que leur mérite avait élevés aux premières charges. Il a foulé aux pieds les lois de l'État, et a fait mettre en prison ceux qui étaient distingués par leur sagesse; il a laissé dépérir les lieux où se font les sacrifices au ciel et à la terre. Il n'a point fait de cérémonies dans la salle des ancêtres; pour complaire à une femme qu'il aime, il a eu recours à des moyens extraordinaires et à des maléfices. Le souverain Seigneur (Chang-ti), qui ne l'a point approuvé, a résolu sa perte. Soyez-moi donc sincèrement attachés; il nous faut être les exécuteurs des châtiments du Ciel.

Les anciens avaient cette maxime : Celui qui me traite bien est mon prince; celui qui me maltraite est mon ennemi. Cet homme, abandonné du Ciel, ne suit que des voies de rigueur; il est notre ennemi et le sera toujours. Les anciens ont encore dit : Celui qui veut faire fleurir la vertu, recherche ce qui peut l'augmenter; et celui qui veut abolir le vice, en examine le principe. Moi, quoique faible, je me mets à votre tête pour détruire votre ennemi ; appliquez-vous à bien faire ; que chacun de vous fasse de nouveaux efforts, afin que votre prince réussisse. Je donnerai de grandes récompenses à ceux qui se seront signalés, mais je punirai exemplairement ceux qui n'auront pas rempli leur devoir.

L'éclat de mon illustre père est semblable à celui du soleil et de la lune, qui se répand de toutes parts ; il brilla d'abord dans les pays occidentaux, et notre royaume de Tcheou devint maître de beaucoup d'autres pays

Si je remporte la victoire sur Cheou, elle ne viendra pas de mon courage, mais de la vertu de mon illustre père : si je suis vaincu, ce sera ma faute et non pas la sienne.

(*Part. IV, ch. 1.*)

Grande doctrine.

Vou-vang. Tsou-chou, 1050, 1045, av J.-C.

A la treizième année, le roi interrogea Ki-tse.

Le roi dit : Oh ! Ki-tse, le Ciel a des voies secrètes par lesquelles il rend le peuple tranquille et fixe. Il s'unit à lui pour l'aider à garder son repos et son état fixe. Je ne connais point cette règle : quelle est-elle ?

Ki-tse répondit : J'ai entendu dire

qu'autrefois Kouen [1], ayant empêché l'écoulement des eaux de la grande inondation, les cinq éléments [*hing* [2]] furent entièrement dérangés; que le Seigneur (*Ti*) [3], qui en fut courroucé, ne lui donna pas les neuf règles fondamentales et catégoriques de la sublime doctrine; que ce Kouen, abandonnant la doctrine fondamentale, fut mis en prison, et mourut misérablement; mais que Yu [4], qui lui succéda, reçut du Ciel ces neuf règles de la sublime doctrine, et qu'alors les lois universelles qui constituent les rapports des êtres furent mises en vigueur.

La première règle fondamentale et

---

[1] Kouen est le père du roi Yu.

[2] Les *cinq hing* sont l'eau, le bois, la terre, le feu, les métaux, cinq choses nécessaires à la vie.

[3] Le *Ti* est le *Chang-ti*.

[4] Yu est le roi Yu, fils de Kouen.

catégorique réside dans les cinq *éléments primitifs agissants* [1]; la seconde est l'attention aux cinq choses morales; la troisième est l'application aux huit principes ou règles du gouvernement; la quatrième est l'accord dans les cinq [choses] périodiques; la cinquième est l'application du pivot fixe du souverain; la sixième est la pratique des trois vertus; la septième est l'intelligence dans l'examen de ce qui est douteux; la huitième est l'attention à toutes les apparences qui indiquent quelque chose; la neuvième est la re-

---

[1] Les cinq (*éléments*) *agissants* ou *hing*, dit le commentateur *Tsaï-chin*, dépendent du Ciel. Les *cinq choses morales* ou *sse* dépendent de l'homme. Les *cinq choses morales* (*ou sse*) correspondent aux cinq (éléments agissants ou *hing*) : c'est l'union de l'homme et du Ciel. Les *huit principes de gouvernement* (*pa-tching*) sont ce que les hommes ont obtenu du Ciel. Les *cinq* (*choses*) *périodiques* ou *ki* sont ce que le Ciel manifeste aux hommes; le *pivot fixe* du souverain (*hoang-hi*) est ce que le prince détermine comme but, etc. (M. PAUTHIER.)

cherche des cinq félicités, et la crainte des six malheurs [1].

Premièrement. La catégorie des cinq *éléments agissants* est ainsi composée: 1° l'eau, 2° le feu, 3° le bois, 4° les métaux, 5° la terre. L'eau est humide et descend; le feu brûle et monte; le bois se courbe et se redresse; les métaux se fondent, et sont susceptibles de transformations; la terre est propre aux semences et à produire des moissons. Ce qui descend et est humide, a le goût salin; ce qui brûle et s'élève a le goût amer; ce qui se courbe et se redresse a le goût acide; ce qui se fond et se transforme est d'un goût piquant et âpre; ce qui se sème et se recueille est doux.

Secondement. La catégorie des cinq

---

[1] Dans les textes suivants on expliquera toutes ces règles.

choses morales est composée ainsi qu'il suit : 1° la forme ou figure extérieure du corps, 2° la parole, 3° la vue, 4° l'ouïe, 5° la pensée. L'extérieur doit être grave et respectueux ; la parole doit être honnête et fidèle ; la vue doit être claire, distincte ; l'ouïe doit être fine ; la pensée doit être pénétrante. L'extérieur du corps grave et respectueux se fait respecter ; la parole honnête et fidèle se fait estimer ; la vue claire et distincte prouve de l'expérience ; avec l'ouïe fine on est en état de concevoir et d'exécuter de grands projets ; avec une pensée pénétrante on est un saint ou homme parfait.

Troisièmement. La catégorie des *huit principes de gouvernement* comprend, 1° les vivres, 2° les biens, 3° les sacrifices et les cérémonies, 4° le ministère des travaux publics, 5° le ministère de l'instruction publique, 6° le ministère de la justice, 7° la manière de traiter les étrangers, 8° les armées.

Quatrièmement. La catégorie des *cinq [choses] périodiques* comprend, 1° l'année, 2° la lune ou le mois, 3° le soleil ou le jour, 4° les étoiles, les planètes et les signes, 5° les nombres astronomiques.

Cinquièmement. La règle catégorique *le pivot fixe du souverain* (ou *le milieu du souverain*[1]) est observée

---

[1] Ce milieu n'est autre chose que le souverain bien, la droite raison. Dans le sens du Chou-king, un souverain est celui qui tient la place du Ciel pour gouverner et enseigner les hommes ; il doit être le modèle sur lequel les peuples doivent se former. Il faut donc que le roi commence par garder ce milieu et par se conformer à cette loi éternelle et immuable, c'est par cet endroit qu'il doit se faire voir aux peuples ; c'est pour cela qu'un roi sage est comparé, par Confucius, au pôle du ciel, autour duquel toutes les étoiles tournent sans cesse.

quand le souverain [1] a dans ses actions un centre ou pivot fixe [qui sert de règle de conduite] : alors il se procure les cinq félicités [2], et il en fait jouir ensuite les peuples ; tant que les populations vous verront conserver cette règle de droiture fixe, ils la conserveront également.

Toutes les fois que parmi les populations il n'existe point de liaisons criminelles, ni de mœurs corrompues, que les hommes en place n'ont pas de vices, c'est parceque le souverain a gardé cette règle fixe de conduite.

Toutes les fois que parmi les peuples il y en a qui ont de la prudence, qui travaillent beaucoup, et qui sont vigilants, vous devez les favoriser. S'il

---

[1] Comme l'extrémité du pôle nord, dit *Tsaï-chin*.
(M. Pauthier.)

[2] On verra plus bas ces *cinq félicités*.

s'en trouve qui ne puissent parvenir exactement à cette règle fixe de la vertu, mais qui ne commettent pas de fautes, le souverain doit les recevoir et les traiter avec bonté; voyant que vous êtes compatissant, ils feront des efforts pour être vertueux; alors ne laissez pas ces efforts sans récompense. C'est ainsi que les hommes se conduisent sur la règle et l'exemple du souverain.

Ne soyez pas dur comme un tigre à l'égard de ceux qui sont sans appui, et ne faites paraître aucune crainte à l'égard de ceux qui sont riches et puissants.

Si vous faites en sorte que les hommes qui ont du mérite et des talents se perfectionnent dans leur conduite, votre royaume sera florissant. Si vos mandarins ont de quoi vivre, ils feront le bien; mais si vous n'encouragez pas les familles à aimer la vertu, on tombera dans de grandes fautes ; si vous récompensez des gens sans mérite, vous passerez pour un prince qui se fait servir par ceux qui sont vicieux.

Peuples [1], ne suivez pas une voie écartée et inégale :

Imitez la droiture et l'équité de votre roi.

Dans tout ce que vous aimez,

Conformez-vous à la loi de votre roi ;

Dans ce que vous haïssez,

Conformez-vous à la conduite de votre roi :

Ne vous en écartez d'aucune manière.

---

1 Il s'agit ici d'un roi qui suit en tout cette loi immuable du Ciel. Ces paroles sont d'une chanson que Ki-tse voulait que tout le monde apprît. On ne dit pas de quel temps avant Ki-tse est cette chanson ; elle est peut-être de la première antiquité.

OU LE LIVRE SACRÉ. 125

Sa loi est juste et équitable;

Ne vous en écartez d'aucune manière.

La route que le roi tient est égale et unie ;

Ne vous opposez pas à sa loi, ne la violez pas.

La route du roi est droite et vraie ;

Conformez-vous à son exemple.

Retournez à son pivot fixe.

Ces préceptes sur le pivot[1], ou l'exemple du souverain, sont la règle immuable, et renferment de grandes instructions ; ils sont la doctrine même du Seigneur (Ti)

[1] Le pivot ou exemple dont on parle est toujours exprimé par le terme *kie* en chinois, qui veut dire *pôle, objet extrême, extrémité ;* et c'est la droite raison que nous devons toujours avoir en vue, comme règle constante de notre conduite. Ce milieu est ainsi exprimé, *le terme de l'Auguste, ou le terme de la Majesté suprême.* On veut dire que ce terme vient de l'Auguste Ciel, du Chang-ti, et que le roi qui tient la place du Ciel doit toujours avoir en vue ce terme ou cet objet.

Si tous les peuples prennent ces paroles pour la vraie doctrine qu'ils doivent connaître, et pour la règle de conduite qu'ils doivent suivre, afin de se rapprocher de la lumière du fils du Ciel, ils diront : Le Ciel a pour le peuple l'amour d'un père et d'une mère ; il est le maître du monde.

Sixièmement. La catégorie des *trois vertus* comprend : 1° la droiture, 2° l'exactitude et la sévérité dans le gouvernement, 3° l'indulgence et la douceur. Quand tout est en paix, la seule droiture suffit ; s'il y a des méchants qui abusent de leur puissance, il faut employer la sévérité ; si les peuples sont dociles, soyez doux et indulgent ; mais il faut encore de la sévérité à l'égard de ceux qui sont dissimulés et peu éclairés, et de la douceur à l'égard de ceux qui ont l'ame grande et l'esprit élevé.

OU LE LIVRE SACRÉ. 127

Le souverain seul a droit de récompenser; le souverain seul a droit de punir; le souverain seul a droit d'être servi à table dans des vases de jade.

Si les sujets vassaux récompensent, punissent, et se font servir des aliments dans des vases de jade, eux et leurs familles et leurs États périront. Si les mandarins ne sont ni droits ni équitables, le peuple donnera dans des excès.

Septièmement. Dans la catégorie *des cas douteux*, on choisit un homme pour interroger les sorts [*Pou*[1] et *Chi*]; on l'investit de ses fonctions; il examine ce Pou et ce Chi.

Cet examen comprend : 1° la vapeur qui se forme en rosée, 2° celle

---

1 Selon les interprètes, le Pou est l'inspection d'une tortue qu'on brûlait. Le *Chi* est, selon les mêmes interprètes, une herbe qu'on examinait avec les figures du livre *Y-king*.

qui se dissipe, 3° le teint obscur ou terne (de l'écaille [1]), 4° les fissures isolées, et 5° celles qui se croisent et se tiennent.

Les deux pronostics : 1° le *Tching* ou l'*immutabilité*, 2° le *Hoei* ou la *mutabilité*.

Ce qui fait sept, dont cinq sont pour le *Pou* et deux pour le *Tchen;* on examine les fautes dans lesquelles on pourrait tomber.

Cet homme est investi de ses fonctions pour faire l'examen par le *Pou* et par le *Chi*. S'il se trouve trois hommes qui usent du *Tchen*, on s'en tient à ce que deux de ces trois diront.

Si vous avez un doute important,

---

[1] Selon les interprètes, la *Tortue* brûlée donnait des indices, par les esprits aqueux et autres que l'action du feu faisait sortir, et par les différentes figures qu'on remarquait sur l'écaille de cette tortue à mesure qu'elle se brûlait.

examinez vous-même ; consultez les grands, les ministres et le peuple ; consultez le *Pou* [1] et le *Chi*. Lorsque tout se réunit pour indiquer et faire voir la même chose, c'est ce qu'on appelle le grand accord ; vous aurez la tranquillité, la force, et vos descendants seront dans la joie. Si les grands, les ministres et le peuple disent d'une manière, et que vous soyiez d'un avis contraire, mais conforme aux indices de la tortue et du *Chi*, votre avis réussira. Si vous voyez les grands et les ministres d'accord avec la tortue et le *Chi*, quoique vous et le peuple soyiez d'un avis contraire, tout réussira également Si le peuple, la tortue, le *Chi* sont d'accord, quoique vous, les

---

[1] Par ce qu'on a vu jusqu'ici, et ce qu'on verra dans la suite des *Pou, Tchen, Chi, tortue,* il est évident que ce n'est que dans les cas douteux qu'on devait user, selon la doctrine chinoise, de ces moyens.

grands et les ministres vous vous réunissiez pour le contraire, vous réussirez dans le dedans [1], mais non au dehors.

Si la tortue et le *Chi* sont contraires au sentiment des hommes, ce sera un bien que de ne rien entreprendre; il n'en résulterait que du mal.

HUITIÈMEMENT. Cette catégorie des *apparences* ou *phénomènes* comprend : 1° la pluie, 2° le temps serein, 3° le chaud, 4° le froid, 5° le vent, 6° les saisons. Si les cinq premiers arrivent exactement suivant la règle, les herbes et les plantes croissent en abondance.

Un grand excès est sujet à beaucoup de calamités ; un petit excès est également sujet à beaucoup de calamités.

Voici les bonnes *apparences :* Quand la vertu règne, la pluie vient à propos; quand on gouverne bien, le temps serein

---

[1] *Le dedans* signifie, dit-on, les cérémonies, les sacrifices; et *le dehors* signifie les expéditions militaires.

paraît; une chaleur qui vient dans son temps, désigne la prudence; quand on rend des jugements équitables, le froid vient à propos; la perfection est désignée par les vents qui soufflent selon la saison. Voici les mauvaises *apparences* : Quand les vices règnent, il pleut sans cesse; si on se comporte légèrement et en étourdi, le temps est trop sec; la chaleur est continuelle, si l'on est négligent et paresseux; de même, le froid ne cesse point, si on est trop prompt; et les vents soufflent toujours, si on est aveugle sur soi-même.

Le roi doit examiner attentivement ce qui se passe dans une année; les grands, ce qui se passe dans un mois; et les petits mandarins, ce qui se passe dans un jour.

Si la constitution de l'atmosphère dans l'année, le mois et le jour, est conforme à la saison, les grains viennent à leur maturité, et il n'y a aucune difficulté dans le gouvernement; on fait valoir ceux qui se distinguent par leur vertu, et chaque famille est en repos et dans la joie.

Mais s'il y a du dérangement dans la constitution de l'atmosphère, dans les jours, dans les mois et dans l'année, les grains ne mûrissent pas, le gouvernement est en désordre, les gens vertueux demeurent inconnus, et la paix n'est pas dans les familles.

Les étoiles représentent les peuples : il y a des étoiles qui aiment le vent, d'autres qui aiment la pluie. Les points solsticiaux pour l'hiver et pour l'été sont indiqués par le cours du soleil et de la lune; le vent souffle et la pluie tombe selon le cours de la lune dans les étoiles.

Neuvièmement. La catégorie des

cinq bonheurs comprend, 1° une longue vie, 2° des richesses, 3° la tranquillité, 4° l'amour de la vertu, 5° une mort heureuse après avoir accompli sa destinée.

Les six malheurs : 1° une vie courte et vicieuse, 2° les maladies, 3° l'affliction, 4° la pauvreté, 5° la cruauté, 6° la faiblesse et l'oppression.

(*Part. IV, ch. 4.*)

Remontrances au prince sur l'usage qu'on doit faire des présents.

Vou-vang. Tsou-chou, 1050, 1045 avant J. C.

La victoire remportée par le roi de Chang [1] procura une libre communication avec les neuf Y [2] et les huit Man, et les gens de Lou, pays d'occi-

---

[1] Le roi de *Chang* est *Cheou*, dernier roi de la dynastie *Yn* ou *Chang*.

[2] Les *Y* et les *Man* sont les étrangers ; *Man* exprime ordinairement les étrangers du sud.

dent, vinrent offrir un grand chien. A cette occasion, le Taï-pao fit ce chapitre pour instruire le roi.

Il dit : Lorsqu'un roi est éclairé et qu'il aime véritablement la vertu, tous les étrangers, voisins ou éloignés, viennent se soumettre et lui offrir les productions de leur pays; mais ces présents ne doivent être que des vêtements, des vivres et des meubles utiles.

C'est par estime pour la vertu éclatante du roi qu'on vient lui offrir des présents, et celui-ci en fait part aux princes qui ne sont pas de sa famille, afin qu'ils soient exacts à remplir leurs devoirs. Il partage les choses précieuses aux princes de sa famille, afin qu'ils pensent à la proximité du sang et à l'union qui doit régner entre eux, ainsi tout le monde a du respect pour ces choses offertes et reçues, et on voit que la vertu en a été de part et d'autre le vrai principe.

Une vertu accomplie n'est jamais méprisée : ne faire point cas de ceux qui sont recommandables par leur sagesse, c'est décourager les hommes ; mépriser les gens ordinaires, c'est leur ôter la force de travailler à s'améliorer.

Si on ne se laisse pas séduire par ce qui se voit et par ce qui s'entend, tout est dans l'ordre.

Mépriser les hommes, c'est ruiner la vertu ; et convoiter les objets extérieurs, c'est souiller sa pensée.

Notre pensée doit être constamment fixée sur la droite raison, nos paroles doivent également émaner de la droite raison.

Ne pas pratiquer ce qui est sans utilité, ne pas nuire à ce qui a de l'utilité, est une action digne d'éloge.

Quand on ne recherche pas les choses rares, et quand on ne méprise pas les choses utiles, le peuple a le nécessaire. Un chien, un cheval sont des animaux que votre pays ne produit pas; il n'en faut pas nourrir; de même n'élevez pas chez vous de beaux oiseaux ni des animaux extraordinaires. En ne faisant point cas des raretés étrangères, les hommes étrangers viendront eux-mêmes chez vous : qu'y a-t-il de plus précieux qu'un sage? il met la paix parmi tous ceux qui sont autour de nous.

Hélas! ne vous ralentissez pas du matin au soir; si l'on ne veille sans cesse sur soi-même, la faute la plus légère détruit la plus haute vertu : voyez celui qui élève une montagne, il conduit son ouvrage jusqu'à soixante et douze pieds; mais tout est renversé si un seul panier manque.

En pratiquant sincèrement ces préceptes, le peuple, ayant de quoi vivre, conservera ses demeures, et votre dynastie pourra être éternelle.

(*Part. IV, ch.* 5.)

Tcheou-kong s'offre au Ciel pour conserver la vie du roi Vou-vang.

Vou-vang. Tsou-chou, 1050, 1045 avant J.-C.

Après la défaite du roi de Cháng, Vou-vang [1] tomba dangereusement malade ; il n'y avait plus de joie.

Les deux princes [2] dirent : Il faut que nous consultions les sorts en faveur du roi.

Tcheou-kong répondit : Ne causons

---

1 Il s'agit de la seconde année de Vou-vang.

2 *Taï-kong* était un des premiers ministres, descendant d'un grand seigneur du temps d'Yao. *Tchao-kong* était aussi un autre ministre ; il était de la famille régnante.

pas de chagrin aux rois nos prédécesseurs.

Il se disposa cependant à faire cette cérémonie, et éleva sur un même terrain trois globes de terre, et un quatrième au sud, d'où l'on se tournait vers le nord ; là, se tenant debout, il plaça le Pi, et portant entre ses mains le signe des grands vassaux [*le Kouei*], il fit la cérémonie à Taï-vang, à Vang-ki et à Ven-vang.

Le grand historien [*Sse* [1]] récita alors la prière qui était écrite en ces termes : « Votre successeur est dangereusement malade ; le Ciel a confié à vous trois [2] le soin de son fils ; moi,

---

[1] Le *Sse* était un grand mandarin préposé aux cérémonies ; il était aussi l'historien de l'empire.

[2] On voit que *Tcheou-kong* croyait que les ames de son père, de son aïeul et de son bisaïeul étaient au Ciel, et il parait qu'il regardait Ven-vang, Vang-ki et Taï-vang comme intercesseurs auprès du Ciel.

Tan [1], je me dévoue à la mort pour lui.

« J'ai la piété qu'un fils doit avoir pour ses ancêtres ; j'ai les qualités et les connaissances qui sont nécessaires pour le service des esprits ; votre successeur n'a pas comme moi, Tan, ces qualités ni ces connaissances.

« Il a reçu son mandat de roi dans le palais [2] du Seigneur (Ti) ; il est en état de soutenir les quatre parties de l'empire, et de les conserver à vos descendants ; il est craint et respecté partout : hélas ! ne laissez pas perdre le précieux mandat que le Ciel lui a donné. Le roi notre prédécesseur aura à jamais un lieu [3] dans lequel il pourra résider.

---

[1] *Tan* est le nom de Tcheou-kong.

[2] *Le palais du Seigneur* est le palais du Chang-ti, ou le lieu dans lequel on honorait le Chang-ti.

[3] Ce lieu est la salle destinée à honorer les ancêtres.

« J'examinerai donc incessamment la grande tortue : si vous m'exaucez, je prendrai le Pi[1] et le Kouei, et je me retirerai pour attendre vos ordres : mais si vous ne m'exaucez pas, je cacherai ce Pi et ce Kouei. »

On fit alors examiner la tortue par trois personnes, et toutes trois trouvèrent des signes heureux ; on ôta la serrure ; on consulta le livre, qui annonça du bonheur.

Tcheou-kong dit alors ces paroles : Selon les signes donnés, le roi ne périra point. Tout ignorant que je suis, j'ai connu les nouvelles volontés des trois rois (prédécesseurs) ; ils méditent l'affermissement éternel de notre dynastie, et j'espère qu'ils vont donner

---

[1] Le *Pi* était une pierre de prix en usage dans les cérémonies ; le *Kouei* était une pièce de bois, ou une pierre de prix que les princes et les grands mettaient devant le visage en parlant à l'empereur.

des marques de leur amour pour notre souverain.

Tcheou-kong[1] se retira, mit son billet dans le coffre lié avec des bandes d'or, et le lendemain le roi recouvra la santé.

Après la mort de Vou-vang, Kouan-chou et ses autres frères cadets firent courir des bruits dans le royaume ; ils disaient que Tcheou-kong pensait à nuire au jeune roi [2].

Ce ministre, en conséquence, prévint les deux autres ministres en ces termes : Si je ne me retire pas, je ne pourrai plus avertir les rois nos prédécesseurs [3].

---

[1] Ceux qui croient en Europe que les Chinois pensent que tout meurt avec le corps, ne s'accommoderont pas des idées de *Tcheou-kong*.

[2] C'est *Tching-vang*, fils et successeur de Vou-vang. Tcheou-kong était régent de l'empire et tuteur du roi.

[3] C'est-à-dire, « je ne pourrai plus faire de cérémonies aux rois nos prédécesseurs. » Il craint qu'on ne le fasse mourir.

Tcheou-kong demeura deux ans dans le pays oriental ; pendant ce temps-là, on découvrit et on prit les coupables.

Tcheou-kong fit une ode qu'il envoya au roi : le nom de l'ode était *Tchi-kiao* [1]. Le roi n'avait jamais osé accuser Tcheou-kong.

En automne, au temps de la moisson, il s'éleva une furieuse tempête, il y eut de grands tonnerres et des éclairs ; un vent impétueux fit coucher les blés et déracina les arbres ; tout le peuple fut dans la consternation. Le roi et les principaux ministres se couvrirent du bonnet de peau (*Pien*), et firent ouvrir le coffre [2] lié

---

[1] *Tchi-kiao* est le nom d'un oiseau.

[2] L'ouverture du coffre se fit sans doute pour consulter le *Pou* et le livre dont il est parlé plus haut. On souhaiterait avoir plus de détails sur ce coffre et sur ce qu'on y conservait ; mais les auteurs de ce chapitre écri-

avec des bandes d'or ; on y vit le billet par lequel Tcheou-kong demandait à mourir pour Vou-vang.

Les deux ministres [1] et le roi interrogèrent les mandarins préposés aux cérémonies, et ceux qui étaient chargés des affaires publiques ; ceux-ci répondirent que cela était vrai ; mais ils ajoutèrent en soupirant : Tcheou-kong nous a ordonné de garder le secret, et nous n'avons pas osé parler.

Le roi prit le billet en pleurant : Il n'est pas nécessaire, dit-il, de consulter les sorts. Autrefois Tcheou-kong rendit de grands services à la famille royale, mais j'étais un enfant et je ne l'ai point su ; aujourd'hui le Ciel a manifesté sa puissance et la vertu de Tcheou-kong ; moi, qui suis si peu de

raient dans un temps où on avait là dessus des connaissances qui se sont perdues.

[1] *Tchao-kong* et *Taï-kong*.

chose, je veux aller au-devant de lui, cela est conforme au cérémonial de l'empire.

Le roi était à peine sorti du Kiao¹, qu'il tomba une grande pluie, et un vent contraire au premier redressa les blés. Les deux ministres (Tchao-kong et Taï-kong) ordonnèrent de réparer les dommages causés par la chute des grands arbres, et cette année la récolte fut très abondante. (*Part. IV, ch.* 6).

Avis que le roi donne à ses ministres.

TCHING-VANG. Tsou-chou, 1044, 1008 avant J.-C.

Le roi parla à peu près en ces termes : Voici les ordres que je donne à vous qui êtes mes grands vassaux et à vous qui êtes mes ministres et mes

---

1 *Kiao* signifie le lieu où l'on sacrifiait au Ciel ou au Chang-ti.

mandarins. Le Ciel n'a pas compassion de moi, il afflige ma famille et ne diminue point sa sévérité. Jeune, comme je le suis, je n'ai pas la prudence nécessaire pour procurer au peuple la tranquillité ; à plus forte raison ne puis-je comprendre ni pénétrer les ordres du Ciel.

Oui, jeune et sans expérience, je suis comme un homme qui veut passer une eau très profonde : je cherche quelqu'un qui me dirige dans ce passage dangereux. En faisant fleurir les lois, et en étendant cet empire que j'ai reçu de mon père, je ferai voir que je n'ai point oublié ses grandes actions. Comment oserais-je résister à l'autorité que le Ciel fait paraître !

Vou-vang m'a laissé une grande tortue inestimable pour connaître les volontés du Ciel ; c'est elle qui a prédit autrefois qu'il y aurait dans le pays occidental de grands troubles, et que les peuples d'occident ne seraient point tranquilles Dans quel aveuglement n'a-t-on pas été!

Ce faible reste de la dynastie Yn [1] ose entreprendre de se rétablir, malgré le juste châtiment du Ciel. Il croit savoir que notre royaume est travaillé d'un mal grave [2], que le peuple est mécontent; il veut, dit-il, rétablir l'ordre et avilir notre royaume de Tcheou.

Dans ce temps d'aveuglement, j'attends incessamment les dix sages [3] qui sont parmi le peuple; j'espère qu'ils rétabliront la paix, et continueront les entreprises de Vou-vang. Tout est

---

[1] Le roi fait allusion aux révoltes de ses oncles et de *Vou-keng*.

[2] *Tching-vang* parle de *Vou-keng*, fils du roi de Chang ou de Yn.

[3] Je ne sais quels sont les dix sages dont on parle.

pour moi un sujet de joie; les sorts ne nous annoncent que du bonheur.

Je vous adresse donc ces paroles, princes des royaumes voisins, chefs des mandarins, et vous qui avez soin des affaires. Puisque les sorts [1] sont favorables, il faut que toutes vos troupes me suivent pour aller punir ceux du royaume de Yn, et les sujets qui ont abandonné mon service.

Mais vous ne cessez de dire : L'entreprise est difficile! le trouble non-seulement est parmi les peuples, il est encore dans la famille royale [2]; nous et nos respectables vieillards nous ne sommes pas d'avis de faire la guerre : pourquoi ne pas résister aux sorts?

---

[1] On voit que *Tching-vang* a grand soin d'avertir que le Ciel se déclare pour lui, et que le *Pou* lui a fait connaître la volonté du Ciel.

[2] La jalousie contre *Tcheou-kong* avait porté à la révolte les trois frères de Vou-vang et de Tcheou-kong.

Malgré mon peu d'expérience, je pense sans cesse à ces difficultés, et je soupire, en disant : Que cet aveuglement cause de tristesse aux veufs et aux veuves! Je ne puis me dispenser de faire ce que le Ciel ordonne. Puisqu'il me charge d'un fardeau si pesant et d'une commission si difficile, moi, qui suis si jeune, ne devez-vous pas avoir compassion de ma faiblesse? selon la justice, vous devez tous me consoler ; achevons ce que mon père, qui a mis partout la paix, a entrepris.

Je n'oserai manquer à l'ordre du souverain Seigneur (Chang-ti) ; le Ciel combla de bonheur mon père, et éleva notre petit royaume de Tcheou. C'est par l'usage des sorts [1] que mon père soumit le royaume. Le Ciel aime en-

---

[1] On voit que les grands de la cour de *Tching-vang* n'étaient pas portés à s'en tenir aux oracles de la tortue;

core aujourd'hui le peuple ; j'ai consulté le sort : hélas! que les ordres du Ciel sont manifestes et redoutables! Ils sont le grand fondement de notre dynastie.

Le roi dit encore : Vous avez des anciens qui sont instruits de ce qui s'est passé autrefois, et il vous est aisé de connaître ce que fit mon père, et les peines qu'il se donna. C'est par des travaux et par des difficultés presque insurmontables que le Ciel fait réussir nos entreprises ; oserais-je ne pas achever cet ouvrage que mon père a commencé? C'est pour cela que je vous ai si fort encouragés, vous, princes des royaumes voisins. La protection que le Ciel annonce est vraie, le peuple la connaît ; puis-je ne pas terminer ce qui a été entrepris par ces hommes

Tching-vang insiste sur les ordres du Ciel manifestés par le *Pou*.

qui ont rétabli le royaume? Le Ciel regarde ce que souffrent aujourd'hui les peuples comme une maladie ; comment oserais-je ne pas exécuter entièrement l'ordre heureux que reçurent autrefois ceux qui affermirent ce royaume?

Le roi dit : Je vous ai déja annoncé que je voulais marcher pour punir les rebelles ; je vous en ai dit les difficultés, et j'y réfléchis tous les jours. Lorsqu'un père fait le plan d'une maison, si son fils n'en jette pas les fondements, la maison sera-t-elle bâtie ? lorsqu'un père fait labourer son champ, si son fils ne sème pas, quelle en sera la récolte ? Mon respectable père dit : J'ai mon petit-fils qui n'abandonnera pas mon entreprise ; comment donc ne ferais-je pas des efforts pour conserver et pour affermir son royaume?

Un chef de famille laisse un fils ; si

l'ami du père ou du frère aîné, manquant au devoir de l'amitié, attaque ce fils, que peut-on penser de ses domestiques, qui ne viennent point encourager ni secourir ce fils?

Le roi dit : Oh! soyez donc tranquilles; un bon gouvernement est l'effet de la sagesse des bons ministres [1]. Dix hommes instruits des ordres du souverain Seigneur (Chang-ti), qui ne doutaient pas de la réalité du secours du Ciel, n'osèrent violer ses ordres ; aujourd'hui le Ciel afflige notre dynastie de Tcheou ; les auteurs du trouble me touchent de près [2], ils attaquent leur propre famille ; ignorez-vous qu'il ne faut pas aller contre les ordres du Ciel?

[1] *Tching-vang* parle de dix hommes instruits, etc. On ne sait rien sur ces dix hommes.

[2] On voit que le roi fait allusion à la révolte de ses oncles.

Je ne cesserai d'y penser. Le Ciel, en détruisant la dynastie Yn, ressemble à celui qui sème : comment oserais-je aujourd'hui ne pas achever ce qui reste à faire? Pensez que le Ciel rendit autrefois heureux ceux qui servirent si bien le royaume.

Comment oserais-je aller contre ce que je sais par les sorts? A l'exemple de mon père, je veux mettre l'ordre et la paix sur les frontières. Aujourd'hui le sort ne nous annonce rien que d'heureux, c'est pourquoi je veux me mettre à votre tête, et aller punir les rebelles de l'orient. Les ordres du Ciel ne sauraient être trompeurs, et le sort [1] y est conforme.

(*Part. IV, ch. 7.*)

---

[1] *Tching-vang* revient toujours aux présages indiqués par la tortue comme des ordres du Ciel.

Instructions sur les devoirs d'un prince envers ses sujets, sur la punition des crimes, et sur la vertu qu'un prince doit s'efforcer d'acquérir.

TCHING-VANG. Tsou-chou, 1044, 1008, avant J. C.

Au jour de la pleine lune du troisième mois, Tcheou-kong ayant formé le projet de bâtir une nouvelle ville dans l'orient, auprès de la rivière de Lo, et tous les peuples jouissant alors d'une paix profonde, il assembla les grands du royaume et les mandarins, exhorta les peuples à vivre en paix et à être soumis aux Tcheou, et fit ses instructions sur le gouvernement.

Le roi dit : Jeune prince, vous qui êtes mon frère cadet et le chef des grands vassaux,

Notre illustre père Ven-vang a donné de grands exemples de vertus, et a été attentif à faire observer les lois portées contre les criminels.

Il ne méprisait ni les veufs ni les veuves; il employait ceux qui devaient être employés; il respectait ceux qui étaient respectables; il punissait ceux qui devaient être punis. Par les grands exemples de vertus qu'il donna aux peuples, il fonda notre dynastie; quelques États se soumirent à nous; ensuite nos contrées occidentales furent pénétrées de respect pour lui, et le desirèrent pour maître. Ses hautes vertus parvinrent jusqu'au souverain Seigneur (Chang-ti), qui les approuva, et qui lui donna l'ordre de détruire la dynastie Yn. Ven vang reçut ce mandat authentique; alors les pays et les peuples furent sagement gouvernés; c'est pourquoi, jeune prince, si vous êtes en dignité dans l'orient, vous le devez aux soins de votre faible [1] frère aîné.

Le roi dit : Oh ! prince, soyez attentif. Dans le gouvernement de votre peuple, imitez avec respect Ven-vang; exécutez ce que vous avez entendu ; conformez-vous à des paroles si sages, protégez et conservez vos sujets ; informez-vous [2] soigneusement de ce que firent autrefois les rois de Yn, qui se distinguèrent par leurs vertus; pensez aussi à ces anciens et illustres sujets de la même dynastie ; que leurs exemples servent à affermir votre cœur dans la vertu ; instruisez-en vos sujets; informez-vous encore des anciens sages rois, et imitez-les ; par ce moyen vous

---

[1] J'ai mis *faible frère aîné*. Dans ce temps-là, c'était et c'est encore l'usage de s'appeler pauvre, petit, sans talents, etc.

[2] Il paraît que Vou-vang exhorte ce prince à lire l'histoire.

rendrez les peuples tranquilles et heureux ; étendez partout la loi du Ciel ; ayez une vertu qui puisse vous mettre en état de remplir vos devoirs, vous montrerez par là que vous voulez sincèrement observer les règles que je vous prescris.

Le roi dit : Jeune prince, vous êtes comme celui qui est malade ou blessé; veillez sans cesse; le Ciel est redoutable, mais il est propice à ceux qui ont le cœur droit. On peut connaître les inclinations du peuple ; mais il est difficile de le contenir; partez ; rectifiez votre cœur; fuyez les plaisirs et les amusements ; c'est le vrai secret de bien gouverner. J'ai entendu dire que les murmures ne viennent point de l'importance grande ou petite des affaires, mais de la bonne ou de la mauvaise conduite du souverain, de son exactitude ou de sa négligence. On examine s'il suit la droite raison ou non, s'il est exact ou non.

Votre devoir est de publier les ordres du roi, et de gouverner à sa place; procurez l'union et la tranquillité aux peuples de Yn; conservez-les, aidez le roi, affermissez le royaume, renouvelez le peuple.

Le roi dit : Prince, soyez attentif, et instruisez-vous de ce qui regarde les châtiments. Si celui qui est coupable d'une faute légère, l'a commise de sa propre volonté, il doit être puni sévèrement. Au contraire, s'il est coupable d'une faute considérable, et qu'il ne l'ait pas commise par malice ni de dessein prémédité, c'est une faute de malheur et de hasard qu'il faut pardonner, si le criminel l'avoue.

Le roi dit : Prince, il y a à cet égard des différences à observer; si vous les connaissez, et si vous les observez parfaitement, le peuple sera soumis de lui-même, il se corrigera et vivra en paix. Si vous agissez avec lui comme avec un malade, il se défera de ce qu'il a de mauvais ; si vous l'aimez comme votre fils, votre gouvernement sera tranquille.

Prince [1], ce n'est pas vous qui punissez de mort ou de quelque autre peine les criminels. De vous-même et selon vos desirs, vous ne devez punir ni de mort ni de quelque autre supplice que ce soit ; ce droit ne vient pas de vous : s'il faut couper à quelqu'un les oreilles ou le nez, ne le faites pas selon vos inclinations particulières ; gardez la justice.

Le roi dit : Quant aux affaires du dehors, faites connaître et publier ces lois ; faites observer ces sages lois que

---

[1] Les interprètes disent qu'un roi juge à la place du Ciel.

les rois de Yn ont portées pour la punition des crimes.

Il dit encore : S'il s'agit de fautes considérables, pensez-y cinq, six, dix jours, et même jusqu'à trois mois ; ensuite soyez exact à exécuter l'arrêt.

Le roi dit : En publiant ces lois de Yn, en les faisant exécuter, ayez toujours égard à ce que les circonstances et la raison exigent ; ne suivez pas vos propres sentiments, et quoique vous vous conformiez à toutes les règles de la droiture, dites toujours en vous-même : Peut-être ai-je manqué à quelque chose.

Jeune prince, peu de gens ont le cœur aussi bon que le vôtre ; vous connaissez le mien, et le desir que j'ai de pratiquer la vertu.

Quand on voit les fautes qui se commettent, ceux qui volent et qui excitent des troubles ; les fourbes, les trompeurs, les homicides; ceux qui tendent des piéges aux autres pour avoir leur bien; enfin ceux qui, sans craindre la mort, commettent ouvertement toutes sortes de crimes : il n'est personne qui n'en ait horreur.

Le roi dit : Prince, ces fautes sont certainement dignes d'horreur, mais elles sont moins dangereuses que la désobéissance d'un fils et la discorde dans les familles. Si un fils n'a pas pour son père le respect qu'il lui doit, s'il ne lui obéit pas, il blesse le cœur de ce père, qui alors ne l'aime plus, et l'abandonne. Si un frère cadet n'observe pas l'ordre établi manifestement par le Ciel, et ne respecte pas ses aînés, ceux-ci ne prendront aucun soin de leurs cadets, et n'auront pour eux aucun sentiment de tendresse et de compassion. Si nous, qui gouvernons les autres, nous ne punissons pas sévèrement ces excès, nous détruisons de fond en comble les règles de conduite qui ont été données aux peuples par le Ciel. Allez donc, prince; hâtez-vous d'exécuter les lois que Ven-vang a décernées contre les crimes; et dans la recherche et la punition de ceux que j'ai indiqués, ne soyez pas indulgent.

Il faut punir sévèrement ceux qui ne gardent point les lois; mais j'ai encore plus d'horreur de ceux qui, par état, doivent enseigner les autres, de ceux qui gouvernent, et en général de ceux qui ont quelque emploi, lorsqu'ils altèrent ou changent les ordres du souverain, lorsqu'ils recherchent les applaudissements et les éloges des peuples, lorsqu'ils ne sont point attentifs, qu'ils n'obéissent pas, et qu'ils causent du chagrin aux princes. Une pareille conduite est d'un mauvais exemple, et porte les autres à mal faire. Peut-on se dispenser de punir de telles fautes? Vous, prince, hâtez-vous de suivre ces lois et de punir de tels mandarins.

Un prince qui ne sait pas gouverner sa famille, ne peut gouverner ses ministres, ni ceux qui ont de l'autorité ; s'il est sévère, s'il est cruel, s'il n'a pas soin d'exécuter les ordres de son souverain, il n'aura point de vertu ; comment donc gouverner ?

Ayez du respect pour les lois établies, et servez-vous de ces lois pour mettre la paix parmi les peuples; pensez à ce que Ven-vang a fait; conservez le peuple dans la paix et dans l'union. Si pouvez dire : J'en suis venu à bout, cela me remplira de joie.

Le roi dit : Si on connaît clairement ce qui regarde le peuple, si on y pense sans passion, on lui procurera le repos et la joie. Je veux imiter la vertu des sages rois de la dynastie Yn, et gouverner par la paix et par la douceur. Aujourd'hui, parmi ces peuples, il n'y a personne qui ne soit docile à suivre le chemin qu'on lui indique. Peut-on, sans lois et sans guide, gouverner un peuple?

Le roi dit : Prince, je dois nécessairement examiner ce qui s'est passé autrefois. C'est pour cela que je vous ai parlé de la vertu, et de la manière de punir les crimes. Les peuples ne sont pas encore entièrement en repos, leur cœur n'est pas encore entièrement fixe, et l'union parfaite ne règne pas encore parmi eux. Quand j'y pense sans passion, je ne puis me plaindre si le Ciel veut me punir; ce qui fait le coupable ne vient pas de la grandeur ni de la multitude; mais que dire de ce qui est si clairement entendu par le Ciel?

Le roi dit : Prince, soyez sur vos gardes; ne donnez pas occasion de se plaindre de vous; rejetez les mauvais conseils, et ne faites rien contre la droite et saine raison. Dans les jugements, ayez en vue la vérité et la droiture; travaillez avec soin à imiter les grands exemples de vertu; tenez votre cœur fixe sur les vrais objets; examinez quels sont vos progrès dans la vertu; étendez jusque dans les lieux les plus reculés ce que vous aurez trouvé de bon et d'utile; procurez la paix et la tranquillité au peuple, et ne cessez jamais de vous reprocher vos fautes.

Le roi dit : Jeune prince, pensez que le mandat de la souveraineté n'est pas immuable; ne laissons donc pas périr celui que nous avons reçu; comprenez bien le sens des ordres que je vous donne, exécutez ce que je vous dis, et gouvernez vos sujets en paix.

Le roi dit : Allez, prince, ne tardez pas à faire observer les règles que je vous prescris ; si vous faites exactement ce que je vous dis aujourd'hui, votre État subsistera toujours.

(*Part. IV, chap.* 9.)

Vou-vang blâme le trop fréquent usage du vin, et veut qu'on ne le permette que dans certaines occasions.

Tsou-chou, 1014, 1008, avant J.-C.

Le roi dit : Annoncez clairement aux peuples du royaume de Mei les ordres importants que je vous donne.

Quand Ven-vang, mon respectable père, fonda dans le pays occidental notre dynastie, depuis le matin jusqu'au soir il instruisait les chefs des mandarins de tous les royaumes, leurs mandarins et tous ceux qui étaient chargés des affaires, et leur défendait de boire du vin, en leur disant qu'on ne devait en user que dans les sacrifices et dans les offrandes. Cet ordre, ajoutait-il, est venu du Ciel ; quand pour la première fois il donna le vin aux peuples, il voulut que ce ne fût que pour les cérémonies religieuses.

Le Ciel a manifesté sa colère envers le peuple ; tout a été en troubles dans le royaume ; on a abandonné la vertu ; les grands comme les petits États se sont perdus, parceque l'on s'est trop livré au vin.

Ven-vang, en instruisant les jeunes gens, disait : Que chacun dans son emploi, dans ses affaires, s'abstienne d'aimer le vin. On ne doit en boire que dans les cérémonies qui se font dans tous les royaumes pour les sacrifices et pour les offrandes, mais encore avec modération, et nullement avec excès.

Il disait encore : Qu'on instruise les jeunes gens du royaume à n'aimer que ce que leur pays produit, ce sera le moyen de conserver l'innocence et la droiture du cœur. Que ces jeunes gens soient attentifs aux règles et aux préceptes que leur père et leur aïeul ont laissés ; qu'ils estiment les grandes et les petites vertus.

Si parmi les habitants du pays de Mei (dit Vou-vang) vous voyez des laboureurs qui se donnent beaucoup de peine ; qui, accablés de fatigue, s'empressent de venir servir leur roi, leur père, leur mère ou leur aïeul ; de même si vous en voyez qui se soient beaucoup fatigués à atteler les bœufs à la charrue ou *à faire le commerce dans les pays éloignés*, et qui, à leur retour, servent leur père et leur mère, les nourrissent et leur procurent de la joie ; lorsqu'ils feront dans l'intérieur de leur famille des repas où rien ne manque, mais où tout se passe avec décence, dans ces sortes de cas on peut permettre l'usage du vin.

Que ceux qui sont en dignité, que les chefs des mandarins, les grands, et ceux qui sont recommandables par leur prudence et par leur expérience, écoutent mes instructions. Si vous avez soin de l'entretien des gens âgés, si vous servez fidèlement votre maître, on vous permet de bien boire et de bien manger. Si vous pensez sérieusement à vous rendre vertueux et à suivre le juste milieu ; si vous vous mettez en état d'offrir des viandes et d'autres présents, dans les cérémonies des sacrifices, vous pouvez alors vous réjouir et user du vin ; si vous observez ces règles, et si les mandarins que le roi emploie s'acquittent de leurs charges avec fidélité, le Ciel, de son côté, favorisera une grande vertu, et n'oubliera jamais les intérêts de la famille royale.

Le roi dit : Prince, si nous sommes aujourd'hui maîtres du royaume que la dynastie de Yn possédait auparavant, c'est parceque les princes, les ministres et les jeunes gens qui assistèrent Ven-vang, suivirent ses ordres, exécutèrent ses préceptes, et qu'ils ne furent point adonnés au vin.

Prince, j'ai appris que les sages rois de la dynastie de Yn gouvernaient leurs peuples avec beaucoup de prudence, ayant toujours en vue la brillante loi du Ciel ; qu'ils n'avaient égard qu'à la vertu, et ne recherchaient que les talents. Depuis le roi Tching-tang jusqu'au roi Ti-y, tous remplirent les devoirs d'un roi, et eurent de grands égards pour leurs ministres ; ceux-ci, de leur côté, s'efforcèrent d'aider le prince, et ne cherchèrent point à se divertir ni à contenter leurs passions ; à plus forte raison n'osèrent-ils se livrer uniquement au vin.

Les vassaux qui sont au delà du pays de la cour, les Heou [1], les Tien, les Nan, les Ouei, les chefs de ces vassaux, les mandarins du district de la cour, les chefs de ceux qui étaient en charge, les mandarins de tous les ordres, les ouvriers et les artisans, les grands et le peuple, ceux qui demeuraient dans les villages, faisaient tous leur devoir. Ils ne se livraient pas au vin, ne perdaient point leur temps, ne songeaient qu'à servir leur prince, à publier ses vertus, et à seconder les travaux de ceux qui occupaient les

---

[1] Les *Heou*, les *Tien*, les *Nan* et les *Ouei*, étaient les titres de divers vassaux.

premières places ; et par là ils ne travaillaient que pour les intérêts du souverain.

J'ai su que le successeur de tant de sages rois ne songeait qu'à satisfaire sa passion pour le vin. Il donna au peuple l'exemple d'un mauvais gouvernement ; tout le monde se plaignait de lui, et, loin de se corriger, il se livra sans règle et sans mesure à toutes sortes de débauches. L'amour du plaisir et de la promenade lui faisait oublier son rang et la majesté royale. Il faisait gémir et maltraitait le peuple, sans penser à se corriger ; il ne cherchait que les occasions de boire et de se divertir ; d'ailleurs il était d'un caractère trop vif, cruel, et il ne craignait point la mort. Quand il commettait tant de crimes dans la cour de la dynastie de Chang, il n'était nullement touché de la ruine de sa famille, ni de celle de son royaume; il ne faisait pas monter au Ciel l'odeur de la vertu dans les sacrifices; le Ciel n'entendait que les plaintes et les murmures des peuples, et ne sentait que l'odeur d'une troupe de débauchés et de gens plongés dans le vin; c'est pourquoi le Ciel a détruit la dynastie Yn [1]. Si l'amour excessif du plaisir attire la haine du Ciel, et si les crimes commis par le peuple hâtèrent la ruine entière de l'Etat, on ne peut point dire que le Ciel ait traité injustement cette dynastie.

Le roi dit: Prince, je ne vous entretiendrai pas longtemps sur ce sujet. Vous savez que les anciens ont dit les paroles suivantes: *Ce n'est pas l'eau qui doit vous servir de miroir, c'est*

[1] On peut remarquer que ce passage du Chou-king sert à faire connaître l'irréligion du roi Cheou, et le respect qu'on doit avoir pour le Ciel.

le peuple. La dynastie Yn a perdu le royaume, voilà le miroir sur lequel nous devons jeter les yeux pour examiner ce que nous devons faire, selon les circonstances du temps.

Écoutez encore ce que j'ai à vous dire : Faites en sorte que les grands officiers de Yn, les vassaux, les Heou, les Tien, les Nan, les Ouei, ne soient pas adonnés au vin : à plus forte raison devez-vous tâcher d'obtenir la même chose du grand historien, et de l'historien de l'intérieur, avec qui vous agissez familièrement; de vos grands et des principaux mandarins de votre cour. Vous devez avoir encore plus de soin de détourner du vin ceux qui sont près de vous pour vous aider, tels que celui qui devant vous exhorte les autres à la vertu et celui qui a l'intendance des affaires. Vous devez être encore plus exact à détourner de la passion du vin Ki-fou, qui doit réprimer ceux qui n'obéissent point aux princes; le Nong-fou, qui, selon l'équité, conserve le peuple; et le Hong-fou, qui détermine les bornes des terres de chacun. Ces trois grands mandarins, qui sont toujours à vos côtés, doivent éviter les excès du vin, et vous devez, à plus forte raison, les éviter vous-même.

Si on vient vous donner avis qu'il y a des gens qui sont attroupés pour boire, ne pardonnez pas cette faute; faites prendre les coupables, faites-les lier et conduire à Tcheou [1]; je les ferai punir.

Mais abstenez vous de condamner [2]

---

[1] *Tcheou* était la cour de Vou-vang, dans le Chen-si.
[2] Le caractère *cha*, condamner, signifie faire le procès; il signifie ordinairement tuer, faire mourir; mais dans le Chou-king, quand il s'agit des procès criminels, ce caractère *cha* signifie souvent faire le procès, condamner,

ceux des mandarins de Yn qui, suivant de mauvais exemples, se sont livrés au vin ; faites-leur donner de l'instruction.

S'ils profitent de ces instructions, je les récompenserai avec éclat ; mais s'ils n'en profitent pas, je n'aurai aucune compassion d'eux ; je les mettrai au nombre de ceux qu'il faut condamner, puisqu'ils ne se corrigent pas.

Le roi dit : Souvenez-vous toujours des ordres que je viens de vous donner. Prince, si vous ne savez pas diriger vos ministres, le peuple aimera le vin. (*Part. IV, ch.* 10.)

---

juger, infliger une peine, quoique cette peine ne soit pas celle de mort.

Vou-vang continue de donner des avis à son frère sur l'accord qui doit régner entre le prince les grands et les sujets.

Tching-vang. Tsou-chou, 1044, 1008, av nt J.-C.

C'est du devoir d'un prince de faire en sorte qu'il y ait une mutuelle correspondance entre le peuple et les mandarins, entre les mandarins et les grandes familles, entre les grandes familles et les vassaux.

Prince, publiez mes ordres, et dites : J'ai un directeur de l'instruction publique, un directeur de la guerre, un directeur des travaux publics, des chefs des mandarins qui se servent mutuellement d'exemple. Dites encore : Je ne veux ni condamner, ni maltraiter. Si mon prince a des égards pour le peuple, et, s'il le soulage, je ferai de même; s'il pardonne aux méchants, aux trompeurs, à ceux qui tuent et oppriment les autres, je me réglerai sur sa conduite.

C'est pour le peuple qu'il y a un roi, des chefs et des princes vassaux; ceux-ci ne doivent pas le maltraiter ni lui faire du t.rt; ils doivent avoir des égards pour les pauvres, soutenir les orphelins, les veuves et les jeunes filles qui sont sans appui. Il faut que dans un royaume tous se conforment aux règles de la raison, et que tous aient ce qui est nécessaire à leur état. Un roi n'établit des princes vassaux et des mandarins que pour procurer le repos aux peuples et défendre leurs vies, c'est ce que de tout temps les rois ont recommandé aux princes vassaux. Vous êtes un de leurs chefs, n'ayez pas recours aux châtiments pour gouverner.

Après avoir bien préparé un champ

et en avoir arraché les mauvaises herbes, il faut creuser des canaux, des fossés, et bien assigner les bornes; dans la construction d'une maison, après avoir élevé les murailles, il faut les couvrir et les crépir. Quand on a la matière du bois *Tse*, il faut le raboter, le polir, et le peindre de fleurs rouges.

Vous devez présentement imiter la grande vertu des anciens rois. Si vous réunissez en vous leurs belles qualités, les rois voisins viendront vous rendre des hommages, vivront avec vous comme leur frère, et se perfectionneront dans la vertu. Un prince véritablement vertueux est respecté et aimé de tous les peuples des autres royaumes.

L'auguste Ciel chargea autrefois les premiers rois du soin des peuples et du pays de l'empire du milieu.

Prince, que la vertu soit la règle de

votre conduite ; ne cessez jamais de procurer la paix et la joie à des peuples qui ont été si agités par les troubles, et pensez sérieusement à tenir une conduite qui soit un sujet de joie pour les rois prédécesseurs.

En vous servant de leur exemple comme d'un miroir fidèle, vous serez en état de transmettre à vos fils et à vos descendants un royaume qui durera éternellement.

(*Part. IV, ch.*11).

Avis donnés par Tchau kong.

TCHING-VANG. Tsou-chou, 1044, 1008, avant J.C.

L'auguste Ciel et souverain Seigneur (Chang-ti) a ôté l'empire de Yn à son fils héritier ; c'est pour cela, prince, que vous êtes aujourd'hui sur le trône. A la vue d'un événement si heureux (pour vous), et si malheureux (pour le roi de Yn), peut-on ne pas être pénétré d'une crainte respectueuse?

Le Ciel a privé pour toujours de son mandat souverain la dynastie de Yn; les anciens et vertueux rois [1] de cette dynastie sont dans le Ciel; mais parceque leur successeur a obligé les sages de son royaume de se tenir cachés, et qu'il a maltraité les peuples, ses sujets ont pris leurs femmes et leurs enfants, et, en les embrassant, en les encourageant, ils ont invoqué le Ciel; ils ont voulu prendre la fuite, mais on s'est saisi de ces malheureux. Hélas! le Ciel a eu compassion des peuples des quatre parties du monde; c'est par amour pour ceux qui souffraient, qu'il a remis son man-

[1] On voit ici que *Tchao-kong* supposait les ames des sages rois dans le Ciel, que le Ciel peut priver du royaume, qu'on doit l'invoquer, qu'il a de la compassion, qu'il donne des ordres.

dat entre les mains de ceux qui avaient de la vertu ; prince, songez donc à la pratiquer.

Jetez les yeux sur la dynastie de Hia ; tant que le Ciel l'a dirigée et protégée comme un fils obéissant, les rois de cette dynastie ont respecté et suivi exactement les ordres et les intentions du Ciel ; cependant elle a été détruite dans la suite ; examinez ce qui s'est passé dans celle de Yn ; le Ciel la dirigea et la protégea également ; alors on vit des rois de cette dynastie qui obéissaient avec respect aux ordres du Ciel ; aujourd'hui elle est entièrement détruite.

Prince, qui, dans un âge fort tendre, êtes sur le trône de votre père, ne rejetez pas les avis des vieillards ; comme ils sont parfaitement instruits des talents et de la vertu de nos prédécesseurs, leurs vues sont conformes à ce que conseille le Ciel.

Quoique jeune, vous êtes le fils héritier ; si vous pouvez rendre le peuple tranquille et le faire vivre dans l'union, vous serez heureux ; redoutez l'indolence et la paresse, et pensez avec crainte aux périls où un peuple peut vous exposer.

Venez, prince, au centre de l'empire [1], continuer la mission de vos prédécesseurs qui leur fut donnée par le souverain Seigneur (Chang-ti) ; acquittez-vous par vous-même des devoirs de votre état. Tan [2] a dit : La ville étant construite, le prince fera avec respect [3] les offrandes et les cé-

---

[1] *Le centre de l'empire* est la cour qu'on établissait à *Lo*.

[2] *Tan* est le nom de Tcheou-kong.

[3] Il faut remarquer que, selon le Chou-king, honorer le Ciel est le principal devoir d'un prince.

rémonies aux esprits supérieurs et inférieurs, et sera uni à l'auguste Ciel; il pourra gouverner dans le milieu [1]. Prince, voilà les paroles de Tan : si vous affermissez votre royaume, et si vous gouvernez sagement les peuples, vous serez heureux.

Le roi, après avoir soumis et rendu dociles les peuples de Yn, doit les faire vivre avec les nôtres : par là ces peuples se corrigeront de leurs mauvaises inclinations, et se perfectionneront de jour en jour.

Si le roi veille sans cesse sur lui-même, il aura nécessairement du respect et de l'estime pour la vertu.

Nous ne pouvons nous dispenser de voir, comme dans un miroir, ce qui s'est passé sous les deux dynasties de Hia et de Hyn; je n'oserais dire que

---

[1] Le mot de *milieu* désigne ici la cour.

je sais que celle de Hia conserva longtemps le royaume, et qu'ensuite elle le perdit promptement ; mais je sais qu'elle perdit son mandat lorsqu'elle abandonna la vertu ; de même je n'ose dire que la dynastie de Yn conserva longtemps le royaume, et qu'elle le perdit ensuite en peu de temps, mais je sais qu'elle perdit son mandat lorsqu'elle ne suivit plus la vertu.

Prince, vous avez reçu par succession leur mandat, je veux dire, le même mandat que ces deux dynasties ont autrefois possédé ; imitez ce que leurs rois ont fait de bien ; souvenez-vous que tout dépend du commencement.

Dans l'éducation d'un jeune enfant, tout dépend du commencement. On perfectionne soi-même le penchant au bien et les principes du bon discernement qu'on a en naissant. Aurez-vous du Ciel la prudence nécessaire? en obtiendrez-vous le bonheur ou le malheur? en obtiendrez-vous un long règne? Nous savons maintenant que tout dépend du commencement.

Prince, puisque votre cour doit être dans la nouvelle ville, hâtez-vous d'aimer la vertu; c'est en la pratiquant que vous devez prier le Ciel [1] de conserver pour toujours votre dynastie.

Prince, sous prétexte que les peuples ne gardent pas les lois, et qu'ils se livrent à des excès, n'usez pas d'abord de rigueur, en les faisant mourir ou punir cruellement; si vous savez vous accommoder à leurs inclinations, vous vous rendrez recommandable.

Si, pendant que vous êtes sur le

---

[1] On voit ici la doctrine constante du Chou-king sur l'autorité du Ciel, maître absolu des empires. Cet endroit doit être remarqué à cause de la prière au Ciel pour la conservation de la dynastie.

trône, vous faites votre principal objt de la vertu, tous les peuples du royaume s'empresseront de vous imiter, et vous vous rendrez célèbre.

Les supérieurs et les inférieurs doivent sans cesse faire des efforts; ils doivent desirer que notre dynastie conserve la puissance aussi longtemps que les deux dynasties Hia et Yn l'ont conservée sans périr. Prince, je souhaite que ce soit le peuple qui vous procure la possession éternelle de cette puissance.

Je me prosterne à terre, et je vous adresse ces paroles. Je ne craindrai pas de faire respecter votre autorité et d'observer vos ordres, je ferai imiter votre illustre vertu aux peuples qui nous ont toujours été attachés. Prince, si vous conservez en paix votre royaume jusqu'à la fin, vous vous ferez un grand nom. Je n'ose me donner pour exact ni pour attentif ; mais prenant avec respect les présents des grands vassaux, je vous les offre afin qu'ils servent dans les prières que vous adressez au Ciel pour la conservation de votre dynastie.

(*Part. IV, ch.* 12).

Instructions adressées à des mandarins.
TCHING-TANC. Tsou-chou, 1044, 1008, avant J.-C.

Tous les six ans, les cinq ordres des vassaux viennent une fois rendre hommage. Six ans après, ils en font autant, et alors le roi, selon la saison, va faire la visite du royaume. A chacune des quatre montagnes [1], il examine les règles [2] et le modèle qui ont

[1] En chinois, les quatre *Yo, sse-yo*, étaient quatre montagnes célèbres, où les princes vassaux venaient rendre leurs hommages quand l'empereur faisait la visite de l'empire.

[2] Ces règles et ce modèle, ou cette forme, regardaient le calendrier, les poids, les mesures, etc.

été prescrits ; chaque vassal vient rendre son hommage ; on récompense exactement ceux qui se sont bien comportés, et on punit ceux qui se sont rendus coupables.

Le roi dit : Vous, qui êtes en dignité, vous que la prudence et la sagesse doivent distinguer du reste des hommes, soyez attentifs : prenez garde aux peines que vous décernerez contre les criminels ; ces lois une fois promulguées, doivent être observées ; il serait dangereux de les laisser sans effet. Suivez en tout la justice ; défiez-vous des passions qui produisent des intérêts et des vues particulières ; si vous n'y êtes point livrés, le peuple vous sera sincèrement attaché.

Tout homme qui est en charge doit être instruit de l'antiquité ; avec cette connaissance, il parle à propos et ne se trompe pas dans ses décisions : les règles et les lois établies doivent être votre maître. Né séduisez pas les magistrats par des discours étudiés ; si vous répandez mal à propos des doutes, on ne peut rien déterminer ; si vous êtes négligents et paresseux, les affaires languissent. Des magistrats qui ne sont pas instruits sont comme deux murailles qui se regardent : s'ils veulent traiter une affaire, ils ne savent ce qu'ils font ; tout est dans le désordre et dans la confusion.

Il faut instruire les mandarins ; si l'on veut faire des actions dignes d'éloge, il faut nécessairement réfléchir ; si l'on veut rendre les autres vertueux, il faut faire de grands efforts sur soi-même ; et si on a le courage de se vaincre, on s'épargne beaucoup de peines pour l'avenir.

Quand on est constitué en dignité, peu à peu on devient superbe : de même, quand on a de grands appointements, peu à peu on devient prodigue. C'est une grande vertu que de savoir être modeste et économe. N'usez jamais de mensonge. La vérité procure la joie et la tranquillité du cœur ; le mensonge, au contraire, ne cause que des peines.

Dans les grands postes, soyez toujours sur vos gardes ; pensez au danger où vous êtes : celui qui ne craint rien est surpris par le danger.

Si l'on produit les sages, si l'on a des égards pour ceux qui ont des talents, la paix règne parmi les mandarins ; sans cette paix, le gouvernement est dans le désordre. Si ceux que vous avez mis en place remplissent leur devoir, ce sera une preuve de votre discernement ; mais s'il arrive le contraire, vous passerez pour incapable d'occuper un emploi.

Le roi dit : Hélas! vous qui êtes à la tête de toutes les affaires, et vous grands mandarins, soyez exacts et attentifs dans vos charges, et distinguez-vous par votre application ; si vous aidez votre roi, si vous procurez la tranquillité au peuple, tous les royaumes nous seront soumis.

(*Part. IV, ch.* 20).

Éloge de Tcheou-kong et avis de Tching-vang à Kiun-tchin.

TCHING-VANG. Tsou-chou, 1044. 1008, avant J. C.

Le roi dit : Kiun-tchin, votre vertu, l'obéissance respectueuse que vous avez toujours eue pour vos parents, et votre amour pour vos frères, me sont connus ; je puis vous charger de publier mes ordres ; je vous ordonne donc de gouverner le Kiao oriental.

Tcheou-kong[1] était le maître et le père du peuple ; c'est pourquoi le peuple l'aima toujours. Soyez attentif : voici la règle que je vous prescris : Suivez soigneusement la forme de gouvernement que Tcheou-kong vous a laissée ; profitez de ses instructions, et le peuple sera bien gouverné.

J'ai entendu dire qu'une bonne conduite était le goût et l'odeur qui peuvent toucher les esprits ; ce goût et cette odeur ne viennent point des grains, mais d'une vertu pure. Mettez tous les jours en pratique les beaux documents de Tcheou-kong, occupez-vous-en, et ne vous livrez pas aux plaisirs ni aux divertissements.

[1] *Tcheou-kong*, oncle paternel de Tching-vang, gouverneur général de la ville de Lo, mourut à la onzième année du règne de Tching-vang. Selon les principes que j'ai tâché d'établir, cette onzième année est l'an 1094 avant J.-C. Tcheou-kong est regardé comme l'inventeur de la boussole.

La plupart des gens qui n'ont pas vu un sage, desirent de le voir ; mais lorsqu'ils l'ont vu, ils ne profitent pas de ses leçons. Kiun-tchin, soyez attentif ; vous êtes le vent, et les peuples sont les plantes.

Dans ce qui regarde le gouvernement, il n'y a rien qui n'ait ses difficultés ; soit que vous détruisiez, soit que vous établissiez, délibérez-en souvent avec vos mandarins ; et quand même leur avis serait unanime, vous devez encore y réfléchir.

Si vous avez quelque nouveau dessein, ou quelque nouveau projet, intérieurement, avertissez-en le roi ; ensuite mettez-les en pratique au dehors, et dites que ce dessein et ce projet sont dus aux talents du roi. Qu'un tel ministre est louable, et qu'il est illustre !

Le roi dit : Kiun-tchin, publiez partout les instructions de Tcheou-kong; ne pensez pas à vous faire craindre sous prétexte de votre puissance; l'exactitude à punir le crime ne doit point être un prétexte pour faire du mal; soyez indulgent, mais faites observer la loi, sachez temporiser à propos, et tout sera dans l'ordre.

Dans ce qui concerne la punition des peuples de Yn, quand même je dirais : Punissez, ne punissez point; et si je disais : Pardonnez, ne pardonnez point; suivez le juste milieu.

S'il se trouve des gens qui violent vos lois, ou qui ne se corrigent pas, après avoir reçu vos instructions, vous devez les punir sévèrement, afin d'empêcher que les autres ne tombent dans les mêmes fautes.

Il y a trois sortes de fautes, même en matière légère, qu'il ne faut jamais pardonner. La première est l'habitude dans la fourberie et dans les mauvaises mœurs ; la seconde est le renversement des règles les plus fondamentales ; et la troisième est tout ce qui tend à corrompre les mœurs des peuples.

N'ayez point d'aversion pour les esprits bornés, et n'exigez pas qu'un homme soit parfait en tout.

On gagne à être patient, et savoir supporter les défauts des autres est une grande vertu.

Il faut distinguer ceux que l'on conduit sans peine, de ceux qu'on a de la peine à gouverner. Donnez des charges et des récompenses à ceux qui se comportent bien ; animez et exhortez au bien ceux qui se comportent mal.

Tous les peuples sont naturellement bons ; mais un penchant pour le plaisir les fait changer ; alors ils violent les ordres de leurs supérieurs, pour suivre leurs propres passions. Observez et publiez exactement les lois, soyez ferme et constant dans la vertu ; vos inférieurs, touchés de vos instructions, se corrigeront tous, et parviendront même à une grande et solide vertu. Ce sera pour moi la source d'un vrai bonheur, et ce sage gouvernement vous procurera une gloire et une réputation qui ne finiront jamais. (*Part. IV, ch.* 21.)

Ordres et instructions donnés à Kiong, qui était l'un des grands officiers de Mouvang.

Mou-vang. Tsou-chou, 962, 907, av. J.-C.

Pe-kiong, dit le roi [1], je ne puis encore venir à bout d'être vertueux ; je me vois roi et successeur de plusieurs rois ; je suis dans des craintes et des inquiétudes continuelles ; au milieu de la nuit, je me lève, et je pense sans cesse à éviter de commettre des fautes. Autrefois Ven-vang et Vou-vang

[1] C'est encore le roi Mou-vang.

eurent en partage une souveraine intelligence et une sagesse extraordinaire ; leurs grands et leurs petits mandarins étaient sincères et équitables ; les grands préposés au char du roi, ceux qui suivaient et allaient porter ses ordres, étaient tous recommandables par leur vertu : soit que les ministres aidassent le roi dans le gouvernement, soit qu'ils publiassent ou fissent exécuter ses ordres, soit qu'ils s'adressassent au roi, dans toutes ces circonstances ils faisaient exactement leur devoir, les lois pénales étaient observées, et les ordres étaient exécutés. Les peuples étaient en paix, parcequ'ils étaient dociles et soumis.

Mon caractère est porté au mal, mais ma ressource est dans les ministres qui sont auprès de moi, ils doivent suppléer, par leur prudence et par leur expérience, à ce qui me manque ; ils doivent me redresser dans mes égarements, corriger mon obstination, et changer ce que mon cœur a de mauvais : par là je pourrai me mettre en état de suivre les grands exemples de mes prédécesseurs.

Je vous nomme aujourd'hui directeur des chars; vous devez diriger tous les mandarins des chars [1], et concourir avec eux à me porter à la vertu, et m'aider à faire ce que je ne puis faire sans le secours des autres.

Choisissez avec attention vos mandarins, et ne vous servez jamais des hypocrites, des fourbes, des flatteurs, ni de ceux qui cherchent à en imposer

---

[1] Ces officiers étaient auprès du roi dans toutes les occasions où le prince montait sur son char, et même dans les autres temps ils étaient souvent avec le prince ; ce facile accès qu'ils avaient rendait ces charges très considérables. De tels officiers pouvaient gagner la confiance du roi, et leurs bonnes ou mauvaises mœurs pouvaient aisément gâter ou redresser celles du roi.

par des discours artificieux ; n'employez que des gens sages.

Si les mandarins des chars sont bien réglés, le roi le sera aisément ; mais s'ils sont flatteurs, le roi se croira parfait. Les vertus et les défauts des rois dépendent des grands et des fonctionnaires publics.

Ne contractez jamais d'amitié avec les débauchés ; de tels hommes dans les charges du char porteront le roi à s'opposer aux lois et aux coutumes des anciens.

Ne rechercher dans ces fonctionnaires publics d'autre avantage que celui des richesses, c'est faire un tort irréparable à cette charge. Si vous n'êtes pas extrêmement exact à servir votre roi, je vous punirai sévèrement.

Le roi dit : Soyez attentif, ne vous lassez jamais de me servir fidèlement, et de me porter à suivre les anciennes coutumes. (*Part. IV, ch.* 26.)

Peines infligées aux criminels, et conduite que doivent tenir les magistrats dans le jugement des affaires.

Mou-vang. Tsou-chou, 962, 907, av. J. C.

Le roi, âgé de cent ans, était encore sur le trône. Dans un âge si avancé, où la mémoire et les forces manquent, après avoir examiné, il fit écrire la manière de punir les crimes, et ordonna à Liu-heou de la publier dans le royaume.

Le roi dit : Selon les anciens documents, Tchi-yeou, ayant commencé à exciter des troubles, on ne vit partout que des brigandages; le peuple, qui auparavant vivait dans l'innocence, se pervertit; des voleurs, des fourbes et des tyrans parurent de tous côtés.

Le chef des Miao ne se conformant pas à la vertu, ne gouverna que par les supplices; il en employa cinq très cruels, qui étaient appelés *Fa*; il punit les innocents, et le mal s'étendit. Lorsqu'il condamnait à avoir le nez ou les oreilles coupés, à être fait eunuque, ou à avoir des marques sur le visage, il ne faisait aucune distinction de ceux qui voulaient parler pour leur défense, et on ne suivait aucune forme de procédure.

De tous côtés se formaient des troupes de gens qui se corrompaient; tout était dans le trouble et la discorde; la bonne foi était bannie; on ne gardait aucune subordination; on n'entendait que juremenis et imprécations; le bruit de tant de cruautés exercées, même contre les innocents, vint jusqu'en haut. Le souverain Seigneur (Chang-ti) jeta les yeux sur les peuples, et ne ressentit aucune odeur de vertu ; il n'existait que l'odeur de ceux qui étaient nouvellement morts dans les tourments.

L'auguste maître [1] eut pitié de tant d'innocents condamnés injustement ; il punit les auteurs de la tyrannie par des supplices proportionnés ; il détruisit les Miao, et ne voulut plus qu'ils subsistassent.

Il ordonna aux deux chefs de l'astronomie et du culte de couper la communication du Ciel avec la terre [2] ; il n'y eut plus ce qui s'appelait arriver et descendre ; les princes et les sujets suivirent clairement les règles qu'ils devaient garder, et on n'opprima plus les veuves ni les veufs.

L'auguste maître s'informa sans passion de ce qui se passait dans le

---

[1] Selon quelques interprètes, l'auguste maître est le roi Chun, qui fut collègue de Yao.

[2] *Couper la communication du ciel avec la terre*, veut dire : mirent ordre au faux culte, aux divinations, aux prestiges ; on régla les cérémonies, et on sut jusqu'où allait le pouvoir des hommes, et ce qu'ils devaient observer dans le culte des esprits.

royaume ; les veuves et les veufs accusèrent le Miao : par sa respectable vertu, il se rendit redoutable ; et par sa grande intelligence, il expliqua clairement ce qui devait se faire.

Il donna ses ordres aux trois princes, afin qu'ils fissent connaître son affection pour le peuple. Pe-y publia de sages règlements, et, en corrigeant les peuples, il les empêcha de faire des fautes dignes de punition. Yu remédia aux maux de l'inondation, et assigna des noms aux principales rivières, et aux montagnes. Tsi donna des règles pour labourer et ensemencer les terres, et on sema toutes sortes de grains. Ces trois Heou étant venus à bout de leurs entreprises, le peuple ne manqua de rien.

Le ministre se servit des châtiments pour maintenir le peuple et lui apprendre à respecter toujours la vertu.

La majesté et l'affabilité étaient dans les supérieurs, l'intégrité et la pénétration dans les inférieurs. Partout on n'estimait et on n'aimait que la vertu ; on gardait exactement, dans les punitions, le juste milieu. En gouvernant ainsi le peuple, on l'aidait à bien vivre.

Le magistrat, chargé de punir, ne faisait acception ni de l'homme puissant, ni de l'homme riche ; attentif et réservé, il ne donnait aucune prise à la censure ni à la critique : un juge des crimes imite la vertu du ciel en exerçant le droit de vie et de mort ; c'est le ciel qui s'associe à lui [1].

Le roi dit : Vous, qui dans les quatre parties présidez au gouvernement, vous qui êtes préposés pour faire exécuter les lois pénales, n'êtes-vous pas

---

[1] Ce qu'on dit ici des *Juges*, et de leur droit de vie et de mort, mérite d'être remarqué.

à la place du Ciel [1] pour être les pasteurs du peuple? Quel est celui que vous devez imiter, n'est-ce pas Pe-y, dans la manière de publier les lois qui concernent les châtiments? Que devez-vous avoir en horreur, n'est-ce pas la conduite des Miao, qui dans les jugements n'avaient aucun égard à ce qui convient à la raison, et ne pensaient pas à choisir des gens capables de garder le juste milieu dans la punition? Les juges des Miao, enflés de leur crédit, ne cherchaient qu'à s'enrichir; ils avaient le pouvoir d'employer les cinq supplices, et de juger les contestations; mais ils abusaient de leur autorité pour opprimer les innocents. Le souverain Seigneur (Chang-ti), trouva ces Miao coupables, les accabla de toutes sortes

1 *A la place du Ciel*, *pasteurs du peuple*, expressions remarquables, que les commentaires ont fort amplifiées.

de malheurs; et parcequ'ils ne pouvaient se laver de leurs crimes, il éteignit leur race.

Le roi dit : Soyez attentifs, vous qui êtes mes oncles paternels aînés, mes frères aînés, mes oncles paternels cadets, mes frères cadets, fils et petits-fils, tous écoutez mes paroles, ce sont des ordres que je vous donne. Il faut penser tous les jours à ce qui peut procurer la tranquillité; soyez attentifs sur vos démarches, ayez soin de réprimer les mouvements de votre cœur. Le Ciel m'a chargé de travailler à corriger et à perfectionner le peuple; mais cette mission n'est que pour un temps fort court. Parmi les fautes que l'on commet, il faut examiner celles qui sont faites de dessein prémédité, et celles qui ne le sont pas; suivez les ordres du Ciel, et aidez-moi; quoique je vous dise : Punissez, pardonnez, il ne faut pas d'abord punir ou pardonner. Ayez soin d'employer à propos les cinq supplices, et pratiquez les trois vertus. Si je suis content, les populations auront confiance en moi, et seront tranquilles.

Vous qui êtes chefs de divers ordres, écoutez-moi ; je vais vous parler des supplices et des peines. Si vous voulez que le peuple vive en paix, ne devez-vous pas faire un bon choix des personnes, ne devez-vous pas être attentifs aux punitions, ne devez-vous pas penser à ce que vous statuez ?

Après que les deux parties ont produit leurs pièces, les juges écoutent de part et d'autre ce qui se dit ; et si, après l'examen, il n'y a aucun doute, on emploie les cinq supplices ; mais s'il y a quelque doute sur l'usage de ces supplices, il faut avoir recours aux cinq genres de rachat ; si on doute que l'accusé soit dans le cas du rachat, alors on juge selon le cas des cinq sortes de fautes, ou involontaires ou presque inévitables.

Ces cinq sortes de fautes sont occasionnées, 1° parcequ'on craint un homme en place, 2° parcequ'on veut ou se venger ou reconnaître un bienfait, 3° parcequ'on est pressé par des discours de femmes, 4.° parcequ'on aime l'argent, 5° parcequ'on a écouté de fortes recommandations. Dans les juges et dans les parties, ces défauts peuvent se trouver; pensez-y bien.

Quant on doute des cas où il faut employer les cinq supplices et de ceux où l'on peut permettre le rachat, il faut pardonner. Éclaircissez les procédures, et remplissez votre devoir. Quoiqu'on vérifie beaucoup d'accusations, il faut encore examiner les apparences et les motifs; ce qui ne peut être examiné ni vérifié, ne doit pas faire la matière d'un procès : alors n'entrez dans aucune discussion, craignez toujours la colère et l'autorité du Ciel.

On délivre un accusé des marques noires sur le visage, de l'amputation du nez ou des pieds, de la castration, et de la mort, quand on doute du cas où on doit employer ces peines. La première se rachète par cent Hoan, la seconde par deux cents, la troisième par cinq cents, la quatrième par six cents, la cinquième par mille ; mais il faut s'assurer de la peine qu'on inflige, et du rachat qui doit être fixé [1]. Le

---

[1] Je ne saurais donner des éclaircissements convenables sur ces différentes sortes de *rachat* de ce temps-là : il y a des livres chinois sur les lois pénales et sur l'ordre qu'on doit garder dans les tribunaux des crimes ; sans doute dans ces livres on explique les anciennes et les nouvelles lois sur ces sortes de choses; mais je ne les ai pas lus. (M. PAUTHIER.)

premier rachat est de mille espèces, aussi bien que le second; le troisième est de cinq cents, le quatrième de trois cents, le cinquième est de deux cents : ce qui fait en total trois mille. Quand on examine les procès pour les fautes graves ou légères, il faut éviter les discours et les paroles embarrassantes et confuses, qui ne sont propres qu'à faire égarer ; il ne faut pas suivre ce qui n'est pas d'usage; observez les lois établies, prenez-en le sens, et faites tout ce qui dépendra de vous.

Il y a des cas sujets à de grandes punitions; mais si la cause ou le motif rendent ces cas légers, il faut punir légèrement; au contraire, il y a des cas sujets à des punitions légères, mais que la cause ou le motif rendent graves; alors il faut employer de grandes punitions. Pour les cas de rachats légers ou considérables, il y a une balance à tenir dans les peines et les rachats ; les circonstances exigent tantôt qu'on soit doux et tantôt sévère. Dans tout ce qui regarde les peines et les rachats, il y a un certain ordre fondamental, un certain principe auquel il faut tout ramener ; les lois sont pour mettre l'ordre.

Être condamné à se racheter, n'est pas une peine semblable à celle de la mort ; mais elle ne laisse pas de faire souffrir. Ceux qui savent faire des discours étudiés, ne sont pas propres à terminer les procès criminels, il ne faut que des gens doux, sincères et droits, qui gardent toujours le juste milieu. Faites attention aux paroles qui se disent contre ce qu'on pense, et n'en faites aucune à celles auxquelles on ne peut ajouter foi ; mais tâchez de voir s'il n'y a pas une véritable raison qui puisse diriger dans le jugement ; l'exactitude et la compassion doivent en être le principe. Expliquez et publiez le code des lois ; quand tous en auront été instruits, on pourra garder un juste milieu ; mettez-vous en état de faire votre devoir dans les cas où il faut punir par les supplices, comme dans ceux où on peut accorder le rachat. En gardant cette conduite, après votre sentence, on pourra compter sur vous, vous m'en ferez le rapport, et je vous croirai ; mais en faisant ce rapport, ne négligez et n'oubliez rien ; vous devez punir le même homme de deux supplices, s'il est doublement coupable.

Le roi dit : Faites attention, vous qui êtes magistrats ; vous, princes de ma famille, et vous, grands, qui n'en êtes pas, à ce que je viens de vous dire. Je crains et je suis réservé quand il s'agit des cinq supplices : il résulte de leur institution un grand avantage ; le Ciel a prétendu par là secourir les peuples, et c'est dans cette vue qu'il s'est associé des juges qui sont ses inférieurs. On tient quelquefois des discours sans preuves apparentes ; il faut s'attacher à en chercher le vrai ou le faux : dans la décision des deux parties, un juste et droit milieu, pris à propos, c'est ce qui est le plus propre à terminer les différends du peuple. Dans les procès, n'ayez pas en vue votre utilité particulière ; les richesses ainsi acquises ne sont point un trésor, mais un amas de crimes qui attirent des malheurs qu'on doit toujours craindre. On ne doit pas dire que le Ciel n'est pas équitable : ce sont les hommes qui se sont attiré ces maux. Si le Ciel [1] ne châtiait pas

---

[1] Dans ce chapitre, comme dans beaucoup d'autres,

par des peines sévères, le monde manquerait d'un bon gouvernement.

Le roi dit encore : Vous qui devez succéder à ceux qui conduisent aujourd'hui les affaires du royaume, quel modèle vous proposerez-vous désormais? ce doit être ceux qui ont su faire prendre au peuple un juste milieu ; écoutez attentivement, et vérifiez ce qu'on dira dans les procès criminels. Ces sages qui ont eu autrefois le soin de pareilles affaires, sont dignes d'être éternellement loués ; dans l'exercice de leurs charges, ils suivaient toujours la droite raison ; aussi ont-ils été heureux. Vous gouvernerez des peuples portés d'eux-mêmes à la vertu, si, quand il s'agira des cinq supplices, vous vous proposez ces heureux et grands modèles. (*Part. IV, ch.* 27.)

on voit la doctrine constante du *Chou-king* sur le Ciel, sa connaissance, son autorité sur les hommes, et sa justice.

Le roi Ping-vang se plaint des malheurs de sa famille.

PING-VANG. Tsou-chou, 770, 720, avant J C.

Le roi dit : Mon père [1] Y-ho, Ven-vang et Vou-vang furent autrefois très illustres ; ils suivirent exactement les lumières de la raison ; l'éclat de leurs vertus étant monté jusqu'au Ciel, et leur réputation s'étant répandue dans tout le royaume, le souverain Seigneur (Chang-ti) les plaça sur le trône. D'illustres sujets, pleins de capacité et de zèle, servirent ces princes : dans tout ce que l'on entreprenait, considérable ou non, on suivait la justice et la raison ; c'est à cette sage conduite qu'on doit attribuer le repos dont nos prédécesseurs ont joui.

[1] Les rois donnaient alors le titre *de roi, de père,* ou *oncle paternel,* aux grands vassaux de leurs familles. Le prince Ven avait le titre de *Y-ho*.

Oh ! que je suis à plaindre en montant sur le trône! Je vois que le Ciel nous afflige ; d'abord il a cessé de favoriser les peuples soumis à notre domination; les *Jong* [1] sont venus et ont réduit à la dernière extrémité mon royaume et ma famille. Ceux qui sont mes ministres, ne sont pas ces anciens si recommandables par leur prudence : de plus, je ne puis rien par moi-même; quel est donc celui qui pourra me tenir lieu de grand-père et de père? S'il se trouve quelqu'un qui me serve fidèlement, je pourrai encore voir mon trône affermi.

O mon père Y-ho, vous venez de donner un nouveau lustre à la mémoire du chef de votre branche; vous avez retracé l'image des temps où Ven-vang et Vou-vang fondèrent le

---

[1] *Jong* est le nom ancien des peuples de Kokonor, pays voisin du Thibet, du Chen-si et du Se-tchouen.

royaume; vous êtes venu à bout de m'établir leur successeur, et vous avez fait voir que vous égaliez vos ancêtres en obéissance filiale; vous m'avez secouru dans mon afliction, et vous m'avez fortement soutenu contre tous les périls : je ne puis m'empêcher de vous combler d'éloges.

Le roi dit : O mon père Y-ho, dans votre Etat examinez vos sujets, faites régner la paix et l'union parmi eux. Je vous donne un vase plein de vin Ku-tchang, un arc rouge et cent flèches rouges, un arc noir et cent flèches noires; je vous donne encore quatre chevaux, partez donc, faites-vous obéir par ceux qui sont loin, instruisez ceux qui sont près, aimez et mettez en paix le peuple; fuyez les plaisirs et les amusements; examinez et aimez les gens de votre ville royale, et donnez à tout le monde de grands exemples de vertu. (*Part. IV, ch.* 28.)

Ordres afin que les troupes soient en bon état et qu'elles se conduisent bien pendant la guerre.

Pe-kin. Kang-mo, 1115, 1065, avant J.-C.

Ecoutez mes ordres en silence, dit le prince [1] : depuis quelque temps, les barbares de Hoaï et les Sou-jong se sont attroupés et font du désordre.

Que vos casques et vos cuirasses soient en état; prenez vos boucliers, t ayez attention qu'ils soient bons, préparez vos arcs et vos flèches; ayez de bonnes lances, de bonnes piques; aiguisez vos sabres : s'ils se trouvaient émoussés, vous seriez en faute.

Dans la marche et le campement de

[1] Les princes de Lou avaient le titre de *Kong*, que les Européens ont rendu par le mot *comes*, comte.

l'armée, qu'il y ait des gens qui aient soin des bœufs et des chevaux ; qu'il y ait des lieux commodes pour faire paître ces animaux et pour les garder. Fermez tous les enclos, comblez les fossés, ne causez aucun dommage aux troupeaux, ni à ceux qui les gardent; autrement vous seriez sévèrement punis.

Lorsque des bœufs et des chevaux s'échappent, lorsque des valets et des servantes prennent la fuite, leurs maîtres ne doivent pas franchir les barrières, ni sortir du camp pour les reprendre ; que ceux d'entre vous qui les auront trouvés les restituent à leur maître, sans leur faire aucun mal : j'aurai égard à cela, et je vous récompenserai ; autrement, vous serez punis. On ne doit rien voler; si vous sortez de l'enceinte du camp, si vous volez des bœufs et des vaches, si vous attirez à vous les valets et les servantes des autres; vous porterez la peine due à de telles fautes.

Le onzième jour du cycle, j'irai combattre les Sou-jong ; préparez les vivres ; s'ils manquaient, vous seriez coupables d'une grande faute. Vous, gens des trois Kiao et des trois Souï de Lou, préparez les clous et les planches. Au même onzième jour, je veux que les retranchements soient faits ; prenez garde d'y manquer : au supplice de mort près, vous devez vous attendre à tous les autres ; c'est vous aussi qui devez faire de grands amas de fourrages ; sans cela vous serez coupables, et comme tels vous serez sévèrement punis.

(*Part. IV, ch.* 29.)

Réflexions sur l'abus qu'il y a d'écouter des jeunes gens.

Mou-kong. Kang-mo, 659, 621, avant J. C.

Le prince [1] dit : Vous tous écoutez-moi et ne m'interrompez pas, j'ai à vous entretenir sur un sujet important : de toutes les paroles, c'est la plus essentielle.

Les anciens ont dit : La plupart des gens cherchent à se satisfaire : il n'est pas difficile de reprendre dans les autres ce qu'ils ont de mauvais, mais recevoir les avis et les réprimandes des autres, sans les laisser couler comme l'eau, c'est là la difficulté.

Les jours et les mois se passent [2], mon cœur en est affligé, car ils ne reviendront pas.

[1] Mou-kong.
[2] On voit que Mou-kong craignait de mourir avant d'avoir mis ordre à toutes ses affaires.

Parceque mes anciens ministres ne me proposaient pas des choses de mon goût, leurs avis me déplaisaient; je préférais les avis de ceux qui sont nouvellement entrés dans mon conseil; désormais j'éviterai toutes ces fautes, si je prends conseil de ceux qui ont les cheveux blancs.

Quoique les forces et la vigueur manquent aux vieillards, ils ont la sincérité et la prudence en partage, et je veux m'en servir. Les jeunes gens au contraire sont vigoureux, braves, habiles à tirer de la flèche et à conduire un char, mais je ne m'en servirai pas pour le conseil; ils sont portés à me flatter, ils savent faire des discours

---

[1] Le malheur de Mou-kong fut de ne pas vouloir écouter un ancien officier appelé Kien-chou, qui lui avait conseillé de ne pas entreprendre la guerre. Ce prince belliqueux aima mieux écouter un jeune officier appelé Ki-tse: il fut entièrement défait, et se repentit de sa démarche.

étudiés, ils changent le sens des paroles des sages ; dans quel temps pourrai-je donc m'en servir ?

Que n'ai-je un ministre d'une droiture parfaite ! quand même il n'aurait d'autre habileté qu'un cœur simple et sans passion, il serait comme s'il avait les plus grands talents. Lorsqu'il verrait des hommes de haute capacité, il les produirait, et n'en serait pas plus jaloux que s'il possédait leurs talents lui-même. S'il venait à distinguer un homme d'une vertu et d'une intelligence vastes, il ne se bornerait pas à en faire l'éloge du bout des lèvres, il le rechercherait avec sincérité et l'emploierait dans les affaires. Je pourrais me reposer sur un tel ministre du soin de protéger mes enfants, leurs enfants et le peuple. Quel avantage n'en résulterait-il pas pour le royaume ?

Mais si un ministre est jaloux des

hommes de talent, et que par envie il éloigne ou tienne à l'écart ceux qui possèdent une vertu et une habileté éminentes, en ne les employant pas dans les charges importantes, et en leur suscitant méchamment toutes sortes d'obstacles, un tel ministre, quoique possédant des talents, est incapable de protéger mes enfants, leurs enfants et le peuple. Ne pourrait-on pas dire alors que ce serait un danger imminent, propre à causer la ruine de l'empire?

Un seul homme peut mettre le royaume dans un grand danger; et la vertu d'un seul homme peut aussi faire régner la paix et la tranquillité.

(Part. IV, chap. 50.)

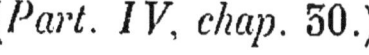

FIN.

TABLE

DES MATIÈRES.

	Pages.
Avis de l'Éditeur...............	I
Du Chou-king..................	III
Extrait de l'Avertissement du traducteur.......................	V
Des vertus d'Yao, il choisit Chun pour son successeur.................	1
Yao associe Chun à l'Empire.......	9
Conseils donnés au roi Taï-kia......	21
Préceptes sur le gouvernement.....	27
Conseils donnés par le ministre Kao-yao.	38
Yu donne des avis à Chun.........	45
Conseils au roi.................	50
Instructions d'Y-in, ministre de Taï-Kia.	56
Conseils au roi.................	64

Pages.

Le roi exhorte ses sujets à quitter l'ancienne cour pour aller s'établir ailleurs.................................. 74
Instructions de Fou-yue........... 92
Vou-vang annonce que le Ciel l'a choisi pour gouverner le royaume...... 103
Grande doctrine.................. 116
Usage qu'on doit faire des présents.. 133
Tcheou king s'offre au Ciel pour conserver la vie du roi Vou-vang ... 137
Avis que le roi donne à ses ministres. 144
Instructions sur les devoirs d'un prince, sur la punition des crimes et sur la vertu qu'on doit s'efforcer d'acquérir........................ 155
Vou-vang veut qu'on ne permette l'usage du vin que dans certaines occasions............................ 165
Avis de Vou-vang à son frère sur l'accord qui doit régner entre le prince, les grands et les sujets....... 176
Instructions adressées aux mandarins. 187
Avis de Tchang-vang à Kiun tchin.. 191

TABLE DES MATIÈRES. 227

Pages.

Ordres donnés à Kiong............	196
Peines infligées aux criminels, et conduite que les magistrats doivent tenir dans le jugement des affaires..	200
Le roi Ping-vang se plaint des malheurs de sa famille................	211
Ordres pour mettre les troupes en bon état, et qu'elles se conduisent bien pendant la guerre...............	218
Réflexions sur l'abus qu'il y a d'écouter les jeunes gens................	221

 FIN DE LA TABLE.

www.ingramcontent.com/pod-product-compliance
Lightning Source LLC
Chambersburg PA
CBHW060127170426
43198CB00010B/1061